GFADER / KOCHEN MIT SPECK

Stocker

HELGA GFADER

KOCHEN MIT SPECK

LEOPOLD STOCKER VERLAG

GRAZ–STUTTGART

Umschlaggestaltung: Atelier Geyer, Judendorf-Straßengel
Umschlagfoto: Atelier Geyer, Judendorf–Straßengel
Die Farbfotos im Text wurden uns freundlicherweise von der Fa. Handl, Tirol, zur Verfügung gestellt.

Die Deutsche Bibliothek – CIP-Einheitsaufnahme

Gfader, Helga:
Kochen mit Speck / Helga Gfader. – Graz : Stocker, 1994
ISBN 3-7020-0697-4

ISBN 3-7020-0697-4

Printed in Austria
Gesamtherstellung: M. Theiss, St. Michaeler Straße 2, A-9400 Wolfsberg/Kärnten

INHALT

VORWORT

Vor Ihnen liegt kein Kochbuch im herkömmlichen Sinn; es handelt sich vielmehr um eine Sammlung von erprobten Rezepten, die von jedem, der gerne kocht, mühelos nachgekocht werden können.
Seit vielen Jahren habe ich Rezepte zusammengetragen, wie sie für den Alpenraum typisch sind und in denen dort auch tatsächlich beheimatete Produkte verwendet werden. Von allem Anfang an schwebte mir ein Buch vor Augen, das eine charakteristische Auswahl von Rezepten bietet, die mit Speck und Schinken zubereitet werden – mit Produkten also, die in der Alpenregion ihr Zuhause haben.
Schon die bäuerlichen Vorfahren jener Menschen, die heute in diesem Gebiet leben, kochten mit den Produkten, die der Boden hergab – Mais, Korn und vor allem Kartoffeln waren Grundnahrungsmittel. Auch die verschiedensten Gemüsesorten fehlten auf keinem Speisezettel. Die Kühe im Stall lieferten die tägliche Milch, daraus wurden Butter und Käse gemacht, die den Speiseplan zusätzlich bereicherten. Schweine jedoch wurden vor allem deshalb gehalten, damit einerseits das Fleisch für den Sonntagsbraten zur Verfügung stand, andererseits für die Erzeugung von Speck und Schinken. Bauern waren es auch, welche begannen, das Fleisch zu räuchern, zu selchen und an der Luft zu trocknen, um es auf diese Weise haltbar zu machen, damit die langen Wintermonate, in denen es an frischen Produkten aus eigener Erzeugung mangelte, besser zu überstehen waren.
Nahrungsmittel, die direkt vom Bauern kommen, waren lange Zeit nur selten erhältlich. Zwar findet man heute mit etwas Glück solche hausgemachte Spezialitäten – allerdings nicht in derartigen Mengen, daß auch die Menschen in den Städten davon satt werden könnten. Um aber die Gerichte so authentisch wie möglich auf den Teller zu bringen, sind im Geschmack identische Grundprodukte nötig. Ich habe viele Speck- und Schinkensorten ausprobiert – meine Anforderungen an die Qualität wurden nicht selten enttäuscht. Aber es gibt auch heimische Produzenten, die es sich zur Aufgabe gemacht haben, eine gleichbleibend vorzügliche Qualität zu erzeugen und die auch auf ein besonderes Aroma Wert legen, so daß die Produkte genau dem entsprechen, was sich Feinschmecker wie Sie und ich unter „hausgemacht“ vorstellen.
Sie haben es gewiß auch bemerkt: Der Trend bewegt sich immer mehr in Richtung „Einfachheit“. Wir können das Rad der Zeit nicht mehr

zurückdrehen, daran besteht kein Zweifel. Es wäre auch nicht sinnvoll, das zu wünschen! Doch eines ist klar erkennbar: Immer mehr Menschen finden zurück zu den einfachen Freuden. „Alte Werte“ sind wieder gefragt, der Wunsch nach einfacheren Genüssen, zu unverfälschten Gaumenfreuden und damit auch die Rückbesinnung auf die einfachen Gerichte.
Deshalb habe ich mich bemüht, aus der Fülle der gesammelten Rezepte solche auszusuchen, die unseren heutigen Eßgewohnheiten am besten entsprechen. Natürlich ging das nicht ohne Experimente ab. Keines der Gerichte durfte verfälscht werden. Immer wieder habe ich sie nachgekocht, habe sie ausprobiert, das eine oder andere verfeinert und vor allem versucht, es dem Zeitgeschmack anzupassen.
Es war nicht einfach, aus den vielen köstlichen Gerichten eine Auswahl zu treffen. Geschmackvolle Speisen gibt es beinahe ebensoviele wie gute Köchinnen oder Köche. Ich hoffe aber, daß es mir gelungen ist, eine Auslese zu finden, die vielen von Ihnen zusagt. Sinn und Zweck dieses Kochbuches ist es, die Freude an Traditionen und Althergebrachtem zu wecken.
Wenn Sie, liebe Leserin oder Leser, auch so denken wie ich und viele andere Menschen es bereits tun, dann werden Sie in diesem Kochbuch etliche Anregungen finden und sich animieren lassen, diese einfachen Spezialitäten öfter als bisher auf den Tisch zu bringen. Ihre Lieben zu Hause, aber auch Ihre Gäste werden sicher begeistert sein. So wünsche ich Ihnen für diese kulinarische Entdeckungsreise in den Alpenraum viel Spaß, gutes Gelingen und, vor allem, guten Appetit!

Helga Gfader

SPECK, SCHINKEN UND CO. ... IN KÖSTLICHEN SUPPEN

Grüne Kartoffelsuppe
für 4 Personen

1 Eßlöffel (EL) Butter	in einer Pfanne zergehen lassen,
1 Zwiebel	fein hacken,
1 Knoblauchzehe (gepreßt)	
1 Bund Schnittlauch	zugeben und andünsten,
1 kleiner Lauch (grüner Teil)	in feine Streifen schneiden,
100 g Spinat	grobe Stiele entfernen, fein schneiden, zugeben und zugedeckt dünsten, bis das Gemüse zerfällt,
200 g Kartoffeln	schälen, würfelig schneiden, zugeben, kurz mitdünsten,
1 EL Mehl	mit dem Gemüse vermischen,
1 l Wasser	
1 Gemüsebrühe (Würfel)	beigeben, aufkochen, mit
Pfeffer aus der Mühle	
1 Messerspitze Muskat (gerieben)	würzen. Zusammen ca. 30 Minuten bei leichter Hitze köcheln, dann pürieren,
1/4 l Rahm	darunterziehen, nochmals heiß werden lassen,
Salz	zum Nachwürzen,
150 g Bauernschinken	in feine Streifen schneiden,
1 EL Butter	in Pfanne flüssig werden lassen, Schinkenstreifen zugeben, leicht anrösten, vor dem Servieren über die Suppe verteilen.

Sauerkrautsuppe

für 4 Personen

80 g Speck	in kleine Würfel schneiden,
1 große Zwiebel	fein hacken, zusammen in einer Pfanne rösten,
1 Teelöffel (TL) Paprika	dazumischen,
200 g Sauerkraut	klein schneiden, zu den übrigen Zutaten geben,
1 l Rindsuppe	
1/8 l Sauerrahm	zugeben, aufkochen,
150 g Geselchtes (gekocht)	in Streifen schneiden, vor dem Anrichten zugeben.

TIP

2 TL Petersilie grob hacken, vor dem Servieren darüberstreuen.
Brotwürfel in Butter anrösten und darüberstreuen.

Bündner Gerstensuppe

für 4 Personen

100 g weiße Bohnen	mit Wasser bedeckt einweichen (2–3 Stunden),
1 EL Bratbutter	in Pfanne warm werden lassen,
150 g Rohschinken	in kleine Würfel schneiden, zugeben, leicht anrösten,
1 kleine Zwiebel	sehr fein hacken, zugeben, andünsten
100 g grobe Gerste Bohnen (abgeseiht)	daruntermischen,
3 l Wasser 150 g Speckschwarten	zugeben, aufkochen, etwa 1 1/2 Stunden zugedeckt leicht köcheln lassen,
3 kleine Kartoffeln 2 kleine Karotten 1/8 Knollensellerie	putzen, in kleine Würfel schneiden,
1 mittelgroße Stange Lauch 2 Blätter Sellerie 2 Kohlblätter 2 EL Gemüsebrühe	in feine Streifen schneiden, zur Suppe geben und zusammen nochmals ca. 45 Min. leicht kochen lassen,
Salz Pfeffer aus der Mühle	zum Nachwürzen,
1 Bund Schnittlauch	fein schneiden, vor dem Servieren darüberstreuen.

TIP

Früher hat man statt der Bratbutter Schweineschmalz verwendet, dadurch wird die Suppe entsprechend gehaltvoller.
Besonders delikat schmeckt die Suppe, wenn statt der Speckschwarte geräucherte Schweinerippchen verwendet werden.

Appenzeller Chässuppe

für 4 Personen

3 EL Kochbutter	in einer Pfanne erhitzen,
100 g Bauchspeck	kleinwürfelig schneiden,
2 Semmeln (altbacken)	in dünne Scheibchen schneiden, zur Butter geben und goldbraun rösten,
100 g Bergkäse (würzig)	reiben.
	Semmelscheiben, Speck und geriebenen Käse in eine feuerfeste Form schichten;
1/2 l Bouillon einige Tropfen Zitronensaft	darübergeben,
20 g Butterflocken 50 g Käse (gerieben)	darüber verteilen, dann im vorgeheizten Backrohr (220° C) überbacken, bis der Käse eine goldgelbe Farbe annimmt.

Variante

Die Suppe im Backofen zugedeckt kochen; 10 Min. vor Ende der Kochzeit pro Person 1 Ei verklopfen, darübergießen, nochmals in den Ofen schieben und überbacken. Vor dem Servieren geröstete Zwiebel (Menge nach Wunsch) darüber verteilen.

TIP

Den gerösteten Semmelscheiben ein wenig durchgepreßten Knoblauch beifügen.

Walsertaler Griessuppe
für 4 Personen

1 EL Bratbutter	in einer Pfanne heiß werden lassen,
100 g Bauchspeck	in feine Würfel schneiden, zugeben, leicht anrösten, herausnehmen, beiseite stellen,
50 g Gries (ca. 5 EL)	in die Pfanne geben, hellbraun rösten,
1 kleiner Lauch 1 kleine Karotte	in sehr dünne Scheibchen schneiden, zugeben, kurz mitdünsten,
1 l Wasser 2 EL Fleischbrühe	beifügen, aufkochen. Nun 30 Min. bei leichter Hitze zugedeckt köcheln lassen, mit
Salz Pfeffer aus der Mühle	würzen,
1 Bund Schnittlauch	fein schneiden, vor dem Servieren darüberstreuen.

TIP
Die Suppe bekommt einen würzigeren Geschmack, wenn statt der Bratbutter Schweineschmalz verwendet wird.

Specksuppe auf Tatarenart

für 4 Personen

150 g Hamburgerspeck	in feine Streifen schneiden, ohne Fett in einem Topf goldgelb anbraten,
2 kleine Peperoni	zum Fett geben, wenn sie braun sind, wieder entfernen,
1 mittelgroße Zwiebel	fein hacken, dann im Fett glasig dünsten, nun
4 EL Mehl	zugeben, unter ständigem Rühren hellbraun anschwitzen, mit
3/4 l Wasser	aufgießen, mit dem Schneebesen fest rühren, damit keine Klümpchen entstehen, kurz aufkochen, Hitze etwas reduzieren, leicht weiterköcheln lassen,
1 mittelgroße rote Paprika	in kleine Würfel schneiden, in der Suppe halb weich kochen, eventuell noch ein wenig Wasser zugeben (die Suppe sollte leicht sämig sein), mit
1 Prise Salz 1/2 TL roter Paprika	würzen, dann mit
1 Schuß Bauernschnaps	verfeinern.

Erbsensuppe „Val d'Aosta"

für 4 Personen

300 g grüne Erbsen (getrocknet)	mit Wasser bedeckt ca. 12 Stunden lang einweichen,
100 g Bauchspeck	in feine Würfel schneiden, in einer Pfanne auslassen,
1 große Zwiebel	grob schneiden,
1 kleiner Lauch 1 mittelgroße Karotte 1/4 Sellerieknolle	in Würfel schneiden, in die Pfanne geben, kurz mitdünsten, dann die Erbsen samt dem Wasser zugeben, bei kleiner Hitze ca. 1 1/2 Stunden köcheln lassen,
3 EL Butterschmalz	erwärmen,
150 g Brot (altbacken)	in Würfel schneiden, zugeben, goldbraun rösten, separat zur Suppe servieren.

TIP
Die Brotcroutons während dem Rösten mit 2 gehackten Knoblauchzehen würzen.

Lauchsuppe
für 4 Personen

1 EL Bratbutter	erhitzen,
100 g Hamburgerspeck	in feine Würfel schneiden, zugeben, leicht anbraten,
1 mittelgroße Zwiebel	fein hacken, ebenfalls mitbraten,
500 g Lauch	in dünne Scheiben schneiden, zum Speck geben, ca. 5 Min. mitdünsten, bis das Gemüse Farbe annimmt;
1,2 l Gemüsebouillon	zugeben, 5 Min. kochen lassen,
250 g Kartoffeln (geschält)	kleinwürfelig schneiden.

TIP
Weißbrotwürfel in Butter goldgelb rösten und vor dem Servieren darüberstreuen.

Spinatsuppe
für 4 Personen

500 g Spinat	putzen, ohne Flüssigkeit in einem Topf dünsten, bis der Spinat zusammenfällt, in einem Sieb abtropfen lassen, sehr fein hacken,
1 EL Butter	im Topf erwärmen, den Spinat zugeben, mit
1 Prise Salz	würzen, zusammen nochmals erwärmen, dabei gut umrühren, nun erkalten lassen,
2 Eier	gut verklopfen,
3 EL Parmesan	reiben, zugeben, mit
1 Prise Muskatnuß	unter den Spinat ziehen;
1 l Fleischbrühe	erhitzen, Spinatpüree hineingeben, den Topf zudecken, vom Herd nehmen, 6–8 Min. ziehen lassen;
2 EL Butter	in Pfanne erwärmen,
100 g Rohschinken	in Streifen schneiden, zugeben,
150 g Brotwürfel	beifügen, zusammen leicht rösten, in eine vorgewärmte Schüssel geben, Suppe darübergießen;
80 g Parmesan	reiben, darüberstreuen, servieren.

TIP
Man kann auch tiefgekühlten Spinat verwenden. Diesen dann ohne Auftauen in einem Topf unter oftmaligem Umrühren erhitzen, bis er kocht.

Bohnensuppe „spezial“
für 4 Personen

2 l Wasser	in einen Topf füllen,
1 EL Salz 250 g Bohnen (frisch)	zugeben, weichkochen,
60 g Butter	in einer Pfanne erwärmen,
60 g Mehl	zugeben, lichtbraun anschwitzen, mit dem Bohnenwasser aufgießen, mit
1 Prise Salz Pfeffer aus der Mühle	würzen;
200 g Bauchspeck	in kleine Würfel schneiden, in Pfanne anrösten, in die Suppe geben,
4 EL Sauerrahm	vor dem Servieren darunterziehen.

TIP
Es können auch getrocknete Bohnen verwendet werden, diese jedoch am Abend zuvor in reichlich Wasser einweichen.

SUPPENEINLAGEN FÜR BOUILLONS ODER KLARE GEMÜSESUPPEN

Schinkenschöberln

3 Eiweiß 1 Prise Salz	zu einem sehr festen Schnee schlagen,
100 g Schinken	in kleine Würfel schneiden,
50 g Parmesan	reiben, mit
50–70 g Mehl	gut vermischen, dann locker unter den Schnee heben; Blech mit „Backrein-Papier" auslegen, die Masse aufstreichen.

Backen

Ca. 10 Min. bei 220° C auf der untersten Rille im vorgeheizten Backrohr goldgelb backen, stürzen, Papier abziehen und die Schöberln in mundgerechte Rhomben schneiden.

Schinkennockerln

3 EL Butter	in Pfanne erwärmen,
1 kleine Zwiebel 1/2 Bund Petersilie	fein hacken, in die Pfanne geben, anschwitzen,
1 Knoblauchzehe	zerdrücken, zugeben, mit
Salz / Pfeffer / Majoran	würzen,
1 Semmel	in Wasser einweichen, dann gut ausdrücken, passieren, dann
150 g Geselchtes	fein hacken, mit den anderen Zutaten vermischen,
1 Ei	gut verklopfen,
1–2 EL Mehl 1–2 EL Semmelbrösel	darunterrühren, einige Minuten ruhen lassen, Nockerln ausstechen, in kochendes Salzwasser einlegen, ca. 10 Min. kochen lassen, kalt abschrecken.

Grüne Speckfrittaten

50 g Mehl 1 Prise Salz 1 Messerspitze Muskat (gerieben) Pfeffer aus der Mühle	miteinander vermischen,
5 EL Milch	zugeben, glattrühren,
1 Ei	gut verklopfen, darunterrühren,
100 g Schinkenspeck	in sehr feine Streifen schneiden,
50 g roher Spinat	sehr fein hacken, zugeben, ca. 1/2 Stunde ruhen lassen;
2 EL Kochbutter	in einer Pfanne erhitzen, 3–4 dünne Omeletten backen, erkalten lassen, einrollen, in feine Streifen schneiden.

Speckschnitten

250 g Schopfspeck 1 mittelgroße Zwiebel 1/2 Bund Petersilie 1/2 Bund Schnittlauch 2 Knoblauchzehen	durch den Fleischwolf drehen, mit
Pfeffer / Salz	würzen,
100 g Butter	zerlassen dazumischen,
12 kleine Weißbrotscheiben	toasten, mit der Masse bestreichen.

Backen

Ca. 10–15 Min. bei ca. 220° C auf der untersten Rille im vorgeheizten Backrohr backen, leicht auskühlen lassen, dann in ca. 2 cm breite Streifen schneiden.

SPECK, SCHINKEN UND CO. ... FÜR PIKANTE KLEINIGKEITEN

Schinkengipferln

für etwa 16 Stück

450–500 g Kuchen- oder Topfen-Blätterteig (s. Rezepte auf Seiten 133, 136)

Fülle

200 g Topfen (Quark)	in einer Schüssel glattrühren,
150 g Schinken 1 Bund Petersilie 1 Knoblauchzehe	zusammen sehr fein hacken (Mixer), mit
1 Prise Salz Pfeffer aus der Mühle	nach Geschmack würzen;
Teig (vorbereitet)	in 3 Portionen teilen, 2 mm dick, rechteckig (ca. 40 x 15 cm) ausrollen, in Dreiecke schneiden, Fülle darauf verteilen,
1 Eiweiß	gut verklopfen, Teigränder bestreichen, Gipferln formen, d. h. die Dreiecke zur Spitze hin aufrollen,
1 Eigelb	gut verklopfen, Gipferln damit bestreichen, auf ein mit Backtrennpapier belegtes Blech legen, 10 Min. kühl stellen.

Backen

Ca. 20 Min. in der Mitte des auf 220° C vorgeheizten Backrohrs.

Servieren

Warm: als Mahlzeit mit grünem Salat; kalt: für zwischendurch.

> **TIP**
> Man kann, um Zeit zu sparen, problemlos auch fertige Teige verwenden.

Spinatgipferln

für etwa 16 Stück

450–500 g Kuchen- oder Topfen-Blätterteig (s. Rezepte auf Seiten 133, 136)

Fülle

1 EL Butter	in einer Pfanne erwärmen,
1 große Zwiebel	sehr fein hacken, beigeben und glasig dünsten,
600 g Spinat	waschen, Stengel entfernen, zugeben, kurz mitdünsten, bis er zusammenfällt, in ein Sieb geben, gut ausdrücken, in eine Schüssel geben,
100 g Speck (würzig) 2 EL Baumnußkerne	sehr fein hacken,
100 g Gorgonzola 1 Knoblauchzehe	mit der Gabel zerdrücken, durchpressen, zu dem noch warmen Spinat geben, gut vermischen, mit
Salz Pfeffer aus der Mühle	würzen;
Teig (vorbereitet)	in 3 Portionen teilen, 2 mm dick, rechteckig (ca. 40 x 15 cm) ausrollen, in Dreiecke schneiden, Fülle darauf verteilen,
1 Eiweiß	gut verklopfen, Teigränder bestreichen, Gipferln formen, d. h. die Dreiecke zur Spitze hin aufrollen,
1 Eigelb 2 EL Wasser	zusammen gut verklopfen, Gipferln damit bestreichen, auf ein mit Backtrennpapier belegtes Blech legen, 10 Min. kühl stellen.

Backen

Ca. 20 Min. in der Mitte des auf 220° C vorgeheizten Backrohrs.

Servieren

Warm; sie schmecken jedoch auch kalt ausgezeichnet!

Schinkenravioli (gebacken)

für etwa 40 Stück

Topfen-Blätterteig (s. Rezept auf Seite 136)

Fülle

1 EL Butter	in Pfanne erwärmen,
150 g Bauernschinken	fein hacken, zugeben, kräftig anbraten,
1 kleine Zwiebel 1 Knoblauchzehe 1 Stück Peperoni (scharf)	fein hacken, zugeben, durchrühren, Hitze reduzieren,
100 g Paprika (rot/mild)	in sehr kleine Würfel schneiden, zugeben, ca. 5 Min. mitdünsten, mit
1 TL Majoran (getrocknet) 1 Prise Salz etwas Chilipulver	vermischen, gut auskühlen lassen,
3–4 EL Topfen	darunterziehen;
Teig (vorbereitet)	in 4 Portionen teilen, 2 mm dick, rechteckig ausrollen, Fülle im Abstand von ca. 2 cm darauf verteilen, mit einem zweiten (leicht befeuchteten) Teigblatt decken, Teig zwischen Fülle gut andrücken, mit Teigrädchen in Quadrate teilen,
1 Eigelb 2 EL Wasser	zusammen gut verklopfen, Ravioli sparsam damit bestreichen, auf ein mit Backtrennpapier belegtes Blech legen, 10 Min. kühl stellen.

(Fortsetzung auf der Folgeseite)

Backen

Ca. 15 Min. in der Mitte des auf 180° C vorgeheizten Backrohrs.

Variante

Man kann diese Schinkenravioli auch kochen!
In viel kochendes, gesalzenes Wasser einlegen, aufkochen lassen, bis sie an der Oberfläche schwimmen.
Mit brauner Butter und Parmesan servieren.

Schinkentörtchen

für 8 Förmchen von 10–12 cm Durchmesser

300 g Mürbteig (s. Rezept auf Seite 135)

Fülle

2 EL Butter	in einer Pfanne erwärmen,
500 g Brüsseler Spitzen (Chicorée)	in dünne Streifen schneiden, zugeben, dünsten,
150 g Schinken	in dünne Streifen schneiden,
2 TL Curry	daruntermischen, auskühlen lassen,
Teig (vorbereitet)	2 mm dick, ausrollen, Förmchen auslegen, Fülle darauf verteilen,

Guß

1/8 l Rahm 1 Becher Sauerrahm 2 Eier	mit dem Schneebesen gut verrühren, mit
1 Prise Salz Pfeffer aus der Mühle	würzen, über die Fülle gießen, 10 Min. kühl stellen.

Backen

Ca. 20 Min. in der Mitte des auf 220° C vorgeheizten Backrohrs.

Servieren

Die Schinkentörtchen schmecken sowohl warm, aber auch kalt vorzüglich!

Schinkenpastetchen

für 4 Personen

500 g Topfen-Blätterteig (s. Rezept auf Seite 136)

Fülle

35 g Morcheln (getrocknet)	1/2 Stunde in lauwarmes Wasser einlegen, in einem abtropfen lassen, das Wasser in einem Topf ca. 30 Min. einkochen lassen,
1 EL Butter	erwärmen,
50 g Schalotten	fein hacken, hineingeben, 5 Min. dünsten,
200 g Schinken (mager)	in feine Streifen schneiden, mit den abgetropften Morcheln dazugeben, unter Rühren weitere 5 Min. dünsten,
4 EL Sherry (herb) 4 EL Gemüsebouillon 4 EL Morchelsud	zugeben, zur Hälfte einkochen lassen,
1/4 l Rahm	einrühren, mit
1 Prise Salz weißem Pfeffer 1 Prise Cayennepfeffer 1/2 TL Majoran	würzen, dann mit Morcheln und Schinken vermischen;
	Pastetenschalen herstellen, aus den vorbereiteten Pastetchen das weiche Innere herauszupfen (dabei den Boden nicht beschädigen). Mit Morchel-Schinken-Sauce füllen, Deckel aufsetzen.

Servieren

Die Pastetchen müssen noch heiß sein!

TIP

Es eignen sich auch gekaufte Pastetenkörbchen – dadurch wird Zeit gespart!

Specktascherln

für 16–18 Stück

Topfen-Blätterteig (s. Rezept auf Seite 136)

Fülle

1 EL Butter	in einer Pfanne heiß werden lassen,
300 g Schinkenspeck	hacken, zugeben, anbraten,
1/2 Zwiebel	fein hacken, beigeben, kurz mitdünsten,
1 Zitrone (ungespritzt)	abgeriebene Schale, 2 EL Saft beigeben, mit
1/2 TL Salz Pfeffer aus der Mühle	würzen,
1 EL Mehl	zugeben, gut vermischen, Pfanne vom Feuer nehmen,
200 g Mangold	in feine Streifen schneiden, unter die noch heiße Masse mischen, alles auskühlen lassen;
Teig (vorbereitet)	in 2 Portionen teilen, 2 mm dick ausrollen, Rondellen von 10–12 cm Durchmesser ausstechen, Fülle auf die eine Hälfte verteilen,
1 Eiweiß	gut verklopfen, Rand damit bestreichen, die freie Hälfte darüberklappen, Ränder gut andrücken, mit einer Gabel Rillen eindrücken,
1 Eigelb	mit ein wenig Wasser verdünnt gut verklopfen, Krapfen sparsam damit bestreichen, auf ein mit Backtrennpapier belegtes Blech legen, 10 Min. kühl stellen.

(Fortsetzung auf der Folgeseite)

Backen

Ca. 20 Min. in der Mitte des auf 220° C vorgeheizten Backrohrs.

Servieren

Noch warm servieren!

TIP
Ist Mangold nicht erhältlich, kann ersatzweise auch Spinat verwendet werden.

Champignonschnitten

für 4 Personen

200 g Bauchspeck	in kleine Würfel schneiden, in einer Pfanne goldgelb anrösten,
1 kleine Zwiebel 1 Bund Petersilie 1 TL Thymian	fein hacken und zugeben, leicht andünsten,
200 g Champignons	in feine Scheiben schneiden, zugeben, mitdünsten,
2 TL Zitronensaft	zugeben, nun Pfanne vom Feuer nehmen,
2 EL Mehl	darüberstäuben, gut durchmischen, auskühlen lassen;
Topfencreme	
250 g Topfen (halbfett)	in eine Schüssel geben,
2 Eigelb 4 EL Käse (gerieben)	mit
Salz Paprika Pfeffer aus der Mühle	würzen und gut vermischen, nun die vorbereiteten Champignons zugeben,
2 Eiweiß 1 Prise Salz	steif schlagen, sorgfältig unter die Masse heben,
8–10 Scheiben Toastbrot	goldgelb toasten, die Pilzmasse darauf verteilen.

(Fortsetzung auf der Folgeseite)

Backen

Ca. 20 Min. in der Mitte des auf 220° C vorgeheizten Backrohrs.

Servieren

Noch warm servieren!
Als Hauptgericht mit gemischtem Salat servieren.

TIP
Statt Toastbrot dunkles Bauernbrot verwenden; das Brot vor dem Aufstreichen der Pilzmasse mit je einer Scheibe Schinken belegen.

Schinkenbiskuits

für 4 Personen

Teig

300 g Mehl 1/2 TL Salz	in einer Schüssel vermischen,
100 g Butter	in Stückchen schneiden, zugeben, mit den Händen verreiben, bis die Masse gleichmäßig krümelig ist,
50 g Parmesan (gerieben) 100 g Karreespeck	in feine Würfel schneiden, leicht anbraten, daruntermischen,
15 cl Milch	dazugießen, rasch zu einem glatten Teig zusammenfügen (nicht kneten), Teig in 2 Portionen teilen, zwei Stangen formen (ca. 4 cm Durchmesser), mindestens 1/2 Stunde kühl stellen, dann in ca. 5 mm dicke Scheiben schneiden, auf ein mit Backtrennpapier belegtes Blech legen.

Backen

Ca. 10 Min. bei 180° C in der Mitte des vorgeheizten Backrohrs.

TIP
Mit 1 TL Cayennepfeffer werden die Bisquits noch pikanter!

SPECK, SCHINKEN UND CO. ... IN BUNTGEMISCHTEN SALATEN

Vogerlsalat mit warmen Speckstreifen

für 4 Personen

200 g Vogerl-(Nüssli-)Salat — sauber waschen, in eine Salatschüssel geben;

Sauce

6 EL Weinessig
1 TL Senf (würzig)
1 TL gemischte Kräuter
1 Prise Salz
Pfeffer aus der Mühle
4 EL Sonnenblumenöl — gut miteinander vermischen, vor dem Servieren über den Salat gießen, durchmischen;

150 g Bauchspeck — in feine Streifen schneiden, ohne Zugabe von Fett in einer Pfanne knusprig braten, noch heiß über den Salat gießen.

TIP
50 g Brotwürfel mit ca. 100 g vom Speck goldbraun rösten.

Kraut-Speck-Salat (warm)

für 4 Personen

500 g Weißkraut	fein schneiden,
1/2 kleine Zwiebel	sehr fein hacken, mit
1/8 l Weinessig (weiß) 5 EL Wasser 1 Prise Salz etwas Kümmel 1 Prise Zucker	zusammen aufkochen, das Kraut damit übergießen, zusammendrücken, ca. 1. Stunde ziehen lassen, dann mit dieser Flüssigkeit gut aufkochen, bis es „kernig“ weich ist;
150 g Speck (durchzogen)	kleinwürfelig schneiden, goldgelb anbraten, noch warm mit
5–6 EL Öl	über das Kraut gießen und ordentlich vermischen.

Spinatsalat
für 4 Personen

250 g Spinat	sauber waschen, dann mit kochendem Wasser überbrühen und auskühlen lassen, grob hacken,
2 Eier	hartkochen, auskühlen lassen, ebenfalls grob hacken, in eine Salatschüssel geben,
1 mittelgroße Zwiebel 1 kleine Knoblauchzehe	sehr fein schneiden, in
3 EL Olivenöl	goldbraun braten, auskühlen lassen;
200 g Schinkenspeck	in feine Streifen schneiden, dann alles zum Spinat geben, mit
Salz Pfeffer aus der Mühle	würzen und gut durchmischen.

Lauchsalat
für 4 Personen

2 dicke Lauchstangen	gut waschen, den grünen Teil entfernen, in sehr feine Scheibchen schneiden,
100 g Geselchtes (vom Hals)	kochen, auskühlen lassen, grob hacken,
1 Zitrone	auspressen, mit
4 EL Olivenöl	über den Salat geben, mit
Salz Pfeffer aus der Mühle	würzen, gut miteinander vermischen, ca. 1 Stunde ruhen lassen, servieren.

Kartoffel-Schinken-Salat

für 4 Personen

1 kg Kartoffeln	samt der Schale weich kochen, leicht auskühlen lassen, in dünne Scheiben schneiden,
1/4 l Gemüsebouillon	aufkochen und noch heiß über die Kartoffeln gießen, ca. 1/2 Stunde ziehen lassen,
200 g Schinken (gekocht)	in feine Streifen schneiden,
3 Gewürzgurken	in dünne Scheibchen schneiden,
2 kleine Zwiebeln	sehr fein hacken, zusammen mit den Kartoffeln ordentlich vermischen,

Dressing

2 EL Senf (Mostrich; pikant) 1/2 TL Salz Pfeffer aus der Mühle 3 EL Weinessig (rot) 6 EL Walnußöl	mit dem Schneebesen sehr gut verrühren,
1 Bund Schnittlauch	fein schneiden,
2 EL Kapern	hacken und zum Dressing geben, dann über den vorbereiteten Salat gießen und gut mischen.

Servieren

Mit gebratenem oder gegrilltem Fleisch oder als Hauptgericht.

Pfifferlingsalat
für 4 Personen

250 g Pfifferlinge	dünnblättrig schneiden, in
1 EL Olivenöl	ca. 10 Min. dünsten,
2 Eier 1 Bund Petersilie	hartkochen, auskühlen lassen, mit zusammen grob hacken,
1 mittelgroße Zwiebel	fein reiben,
4 Tomaten (fest)	schälen, in sehr dünne Scheiben schneiden; nun alles zusammen in eine Salatschüssel geben, gut vermischen, mit
Salz Pfeffer aus der Mühle	würzen, dann
1 Zitrone 3 EL Olivenöl	auspressen, mit über den Salat geben und nochmals gut vermischen.

Servieren

Schmeckt ausgezeichnet zu dunklem Bauernbrot mit Butter.

TIP
Anstelle von Pfifferlingen können auch Champignons verwendet werden.

Schinkensalat mit Orangen

für 4 Personen

200 g Schinken (gekocht)	in feine Streifen schneiden,
4 EL Mandeln	grob hacken,
2 mittelgroße Orangen (ungespritzt)	die Schale in sehr feine Streifen schneiden (Julienne), Frucht enthäuten, in feine Scheiben schneiden,
150 g Mayonnaise 1 Prise Salz Pfeffer aus der Mühle	alles zusammen gut durchmischen, mit
1 Schuß Cognac	veredeln.

Bauernschinken-Salat mit Bohnen

für 4 Personen

400 g Bauernschinken	in sehr feine Scheibchen schneiden,
250 g Buschbohnen (grün)	kochen (sie sollten noch „Biß“ haben),
1 mittelgroße Zwiebel	in dünne Ringe schneiden, alles zusammen in eine Salatschüssel geben;
4 EL Olivenöl 1 Knoblauchzehe (gepreßt) 1 EL Weinessig 1 EL Sherry	miteinander gut vermischen, mit
Salz Pfeffer aus der Mühle	würzen,
1 EL Schnittlauch	darüberstreuen.

TIP
Anstelle von Bauernschinken kann auch gekochtes Geselchtes verwendet werden.

Sommersalat

für 4 Personen

350 g Teigwaren (Hörnchen)	in Salzwasser kochen, kalt abschrecken,
100 g Bergkäse	grob raffeln,
150 g Schinken (gekocht)	in Streifen schneiden,
1 mittelgroße Gurke	in dünnen Scheibchen,
2 mittelgroße Tomaten	in Achtel geteilt, zusammen in eine Salatschüssel geben;

Sauce

1 EL Senf (pikant)	
1 Prise Salz	
Pfeffer aus der Mühle	
1/4 TL Curry	
3 EL Weinessig	
5 EL Olivenöl	gut miteinander vermischen,
1 TL gemischte Kräuter	
1 Bund Schnittlauch	beigeben, zusammen über den Salat gießen, mischen.

Servieren

Vor dem Servieren ca. 1/2 Stunde zugedeckt ziehen lassen!

SPECK, SCHINKEN UND CO. … IN DELIKATEN AUFLÄUFEN UND KÖSTLICHEN GRATINS

Ramequin

für 4 Personen

8–10 Scheiben Toastbrot	1 cm dick schneiden,
2 TL Senf 1 EL Butter	miteinander vermischen, Brotscheiben damit dünn bestreichen,
300 g Raclette oder Bergkäse	in 3–4 mm dicke Scheiben schneiden,
300 g Schinken (gekocht)	schneiden (etwas dicker als üblich), Brot, Käse, Schinken ziegelartig in eine Auflaufform schichten (Käse darf die Brotscheiben leicht überragen),
10 cl Weißwein (herb)	darübergießen,
3 EL Butterflöckchen	darauf verteilen, mit
3 EL Parmesan (gerieben)	bestreuen.

Backen

Ca. 35–40 Min. bei 220° C in der Mitte des vorgeheizten Backrohrs goldgelb überbacken.

Schinkenauflauf „rustikal"

für 4 Personen

1 EL Butter	eine feuerfeste Auflaufform damit ausbuttern, mit
3 EL Semmelbrösel	die Form gleichmäßig ausstreuen, eventuell restliche Brösel ausklopfen,
250 g Knödelbrot	kleinwürfelig schneiden,
1/2 l Milch	heiß werden lassen, über das Brot gießen, kurz stehenlassen, bis die Milch aufgesaugt ist, dann pürieren;
3 Eigelb 1 Becher Sauerrahm	mit dem Schneebesen tüchtig verquirlen,
150 g Bergkäse	reiben, dazumischen,
150 g Rohschinken	fein hacken und zugeben, mit
1 Messerspitze Muskat 1/2 TL Majoran Salz Pfeffer aus der Mühle	würzen, nochmals gut verrühren, mit der Brotmasse mischen;
3 Eiweiß	steif schlagen, vorsichtig unter die Masse heben, sofort in die vorbereitete Auflaufform füllen.

Backen

30–40 Min. bei 200° C im vorgeheizten Backrohr, unterste Rille.

Servieren

Mit gemischtem Salat ein leichtes Essen.

Topfenauflauf
für 4 Personen

1 EL Butter	eine feuerfeste Auflaufform damit ausbuttern, mit
3 EL Semmelbrösel	die Form gleichmäßig ausstreuen, eventuell restliche Brösel ausklopfen,
1 Becher Sauerrahm 5–6 EL Rahm 4 Eigelb	mit dem Schneebesen gut verquirlen,
500 g Topfen	dazumischen, mit
1/2 TL Salz 1 Messerspitze Muskat	würzen;
250 g Schinken (gekocht)	in Streifen schneiden, beigeben,
2 EL Maizena	darüberstreuen, gut durchmischen;
4 Eiweiß 1 Prise Salz	sehr steif schlagen, vorsichtig unter die Topfenmasse heben, sofort in die Auflaufform füllen, mit
2 EL Semmelbrösel	gleichmäßig bestreuen und
2 EL Butterflöckchen	darauf verteilen.

Backen

45–50 Min. bei 200° C auf der untersten Rille im vorgeheizten Backrohr.

Servieren

Mit gemischtem Salat ist dieser Auflauf eine leichte Hauptmahlzeit.

TIP

Anstelle von gekochtem Schinken läßt sich auch magerer Speck verwenden, das Gericht schmeckt dann noch herzhafter.
Zur Abwechslung 2–3 EL frische gehackte Petersilie oder andere Kräuter dazumischen!

Schinkenfleckerln
für 4 Personen

1 EL Butter	eine feuerfeste Auflaufform sorgfältig damit ausbuttern,
3 l Wasser 2–3 TL Salz	zusammen aufkochen,
500 g Fleckerln	zugeben, halbweich kochen,
50 g Butter	flaumig rühren,
2 Eidotter 1/4 l Sauerrahm	zugeben, nochmals sehr gut verrühren;
600 g Geselchtes	sehr fein hacken, dazumischen, mit
Salz Pfeffer aus der Mühle	würzen,
2 Eiweiß 1 Prise Salz	steif schlagen, dann locker unter die Masse heben; in die vorbereitete Auflaufform füllen.

Backen

Ca. 30 Min. bei ca. 200° C auf der untersten Rille des vorgeheizten Backrohrs; überbacken, bis sich eine leichte, goldbraune Kruste bildet.

Servieren

Noch heiß auf den Tisch bringen. Grüner Salat schmeckt dazu ausgezeichnet.

Rohschinken

Karreespeck

Schinkenspeck

Schulterspeck

Peters Nudelgratin
für 4 Personen

3 l Wasser 2–3 TL Salz	zusammen aufkochen,
500 g Hörnchen	zugeben, „al dente“ kochen, gut abtropfen lassen,
150 g Hamburgerspeck	in kleine Würfel schneiden, ohne Fettzugabe glasig braten,
2 kleine Karotten	in feine Würfel schneiden,
1/2 Sellerie	klein hacken,
200 g Erbsen (frisch / tiefgekühlt)	zusammen im Speckfett dünsten;
1 EL Zitronensaft 1 TL Curry (scharf)	zugeben und gut vermischen, nun in eine feuerfeste Form füllen;

Bechamelsauce

2 EL Butter	in einer Pfanne flüssig werden lassen,
2 EL Mehl	zugeben, leicht anschwitzen,
1/2 l Milchwasser	zugießen, unter ständigem Rühren mit dem Schneebesen aufkochen, Hitze reduzieren, mit
Salz 1 Messerspitze Muskat	würzen, ca. 5 Min. leicht köcheln lassen,
4 EL Petersilie	fein hacken, daruntermischen, die Sauce über die Nudeln gleichmäßig verteilen,
4 EL Käse (würzig)	gerieben darüber verteilen.

Backen

Ca. 40 Min. bei 180° C auf der untersten Rille im vorgeheizten Backrohr.

Servieren

Dieser Nudelauflauf ist mit gemischtem Salat ein vollständiges Essen.

Nudelauflauf „Susanna“
für 4 Personen

1 EL Butter	eine feuerfeste Auflaufform damit ausbuttern,
2 l Salzwasser 2 TL Salz 1 EL Olivenöl	in einem Topf aufkochen,
300 g Bandnudeln	zugeben und „al dente“ kochen, dann abtropfen lassen,
2 EL Butter	in einer Pfanne erhitzen,
1 große Zwiebel 1 Bund Petersilie	fein hacken, in die Pfanne geben, andünsten,
300 g Pfifferlinge	je nach Größe halbieren oder vierteln, beifügen,
5–6 EL Weißwein	zugießen, mit
1 Prise Salz Pfeffer aus der Mühle etwas Thymian	würzen; weiterdünsten, bis die Flüssigkeit eingekocht ist. Mit den Nudeln gut mischen; die Nudein in die vorbereitete Auflaufform füllen;
Guß	
3 Eier 1/4 l Rahm 6–8 EL Milch 1 TL Salz 1 Messerspitze Muskat Pfeffer aus der Mühle	mit dem Schneebesen tüchtig verrühren,
100 g Bergkäse	reiben, die Hälfte davon zugeben, nun den Guß gleichmäßig über die Nudelmasse gießen, mit dem restlichen Bergkäse bestreuen und
3–4 EL Butterflöckchen	darauf verteilen.

Backen

25–30 Min. bei 200° C auf der untersten Rille im vorgeheizten Backrohr.

Servieren

Dieser Auflauf schmeckt mit gemischtem Salat ausgezeichnet.

TIP

Sind frische Steinpilze oder Morcheln erhältlich, so erhöht sich der Genuß; man kann auch gemischte Pilze verwenden.
Im Winter können frische Pilze durch getrocknete oder solche aus der Dose ersetzt werden.

Makkaroniauflauf mit Tomatensauce

für 4 Personen

1 EL Butter	eine hohe Puddingform sorgfältig damit ausbuttern, mit
1–2 EL Mehl	ausstreuen;
3 l Wasser 2–3 TL Salz	zusammen aufkochen,
500 g Makkaroni	zugeben, halbweich kochen,
250 g Selchfleisch	kochen, erkalten lassen, anschließend sehr fein hacken, beiseite stellen,
30 g Butter	erwärmen,
60 g Mehl	zugeben und anschwitzen, dann mit
1/8 l Milch	aufgießen, gut durchrühren,
6 Eigelb 30 g Parmesan (gerieben)	vermischen, anschließend alle Zutaten zusammenmischen,
3 Eiweiß	steif schlagen, vorsichtig unter die Masse heben, in die vorbereitete Puddingform füllen, dann im Wasserbad (zugedeckt) ca. 45 Min. kochen;

Tomatensauce

3 EL Olivenöl	heiß werden lassen,
1 kleine Zwiebel	fein hacken, glasig dünsten,
500 g Tomaten	schälen, in kleine Würfel schneiden, zugeben und dünsten, bis sie zerfallen,
1 kleine Knoblauchzehe	auspressen, mit
Salz Pfeffer aus der Mühle	würzen.

Servieren

Makkaroni aus der Form stürzen und mit der Tomatensauce übergießen; dazu paßt grüner Salat.

Florentiner Auflauf
für 4 Personen

1 EL Olivenöl	eine feuerfeste Auflaufform damit auspinseln,
2 l Wasser 1 TL Salz	zusammen aufkochen,
500 g Lasagne (Bandnudeln)	„al dente“ kochen,
500 g Blattspinat	waschen, kurz blanchieren, zerpflücken,
3 EL Olivenöl	in einer Pfanne erwärmen,
1 kleine Zwiebel	hacken, darin glasig dünsten,
2 Knoblauchzehen	fein hacken, zugeben,
400 g Karreespeck	in feine Streifen schneiden und zugeben, mit dem Spinat kurz dünsten, alles zusammen mit den noch heißen Nudeln mischen;
500 g Bechamelsauce	vorbereiten,
2 Eidotter	mit dem Schneebesen einrühren, mit
Salz Pfeffer aus der Mühle	würzen; nun die Hälfte der Sauce mit den Nudeln mischen und sofort in die vorbereitete Auflaufform füllen; die andere Hälfte über den Auflauf gießen;
100 g Parmesan	reiben und gleichmäßig darüberstreuen,
2 EL Butterflöckchen	darüber verteilen.

Backen
Ca. 30 Min. bei 200° C auf der untersten Rille im vorgeheizten Backrohr, bis eine schöne braune Kruste sichtbar wird.

Servieren
Mit Tomatensalat ein ausgezeichnetes Essen!

Rohschinken-Lasagne
für 4 Personen

1 EL Butter	eine feuerfeste Auflaufform gründlich damit ausbuttern,
3 l Wasser 2–3 TL Salz 1 EL Olivenöl	zusammen aufkochen,
18–20 Lasagneblätter	einzeln hineingeben, „al dente" kochen, herausnehmen, bis zur Verwendung in kaltes Wasser legen;

Fülle

1 EL Butter	in einer Pfanne schmelzen,
1 mittelgroße Zwiebel	fein hacken, glasig werden lassen,
300 g Schinken (gekocht)	in feine Streifchen schneiden,
100 g Champignons	feinblättrig schneiden, zugeben und mitdünsten,
1 EL Mehl	darüberstreuen,
150 g Topfen 3 EL Parmesan	beigeben und gut miteinander mischen, mit
Salz, Pfeffer	würzen

Sauce

1/4 l Rahm 2 Eidotter	miteinander schaumig schlagen,
2 Eiweiß 1 Prise Salz	sehr steif schlagen, unter die Sauce ziehen,
1 EL Petersilie 1 TL Origano	fein hacken, dazumischen; die Nudelmasse in die vorbereitete Form einfüllen, die Sauce darüber verteilen.

Gratinieren

Ca. 40 Min. bei 200° C in der Mitte des vorgeheizten Backrohrs.

Sennenschmaus

für 4 Personen

1 EL Butter	eine feuerfeste Auflaufform gründlich damit ausbuttern,
500 g Kartoffeln	schälen, in kleine Stücke teilen, in Salzwasser halbweich kochen,
150 g Makkaroni (oder Hörnchen)	ebenfalls halbweich kochen,
2 EL Bratbutter	in einer Pfanne erhitzen, dann
250 g Schinkenspeck	in Streifen schneiden,
3 mittelgroße Zwiebeln	in feine Ringe schneiden, zusammen kurz dünsten,
100 g Bergkäse	reiben,
einige Blätter Salbei	schneiden,
1 TL Rosmarin	grob hacken, dann
1 Becher Sauerrahm	
4 EL Milch	miteinander verrühren, alle Zutaten gut vermischen; in die vorbereitete Auflaufform füllen,
50 g Butterflöckchen	darauf verteilen.

Gratinieren

Ca. 20 Min. bei 200° C in der Mitte des vorgeheizten Backrohrs.

TIP
Anstelle von Sauerrahm kann auch Natur-Joghurt verwendet werden.

„Plain de Pigna“ (Ofenrösti aus dem Bündner Land)

für 4 Personen

2 TL Butter	ein Backblech damit bestreichen,
800 g Kartoffeln (roh)	schälen, in eine Schüssel raffeln,
3 EL Mehl 1 TL Salz Pfeffer und Muskat	dazugeben, mischen,
200 g Bauchspeck	in kleine Würfel schneiden, 3/4 davon unter die Masse mischen, auf das gefettete Blech verteilen, glattstreichen,
2 EL Butterflöckchen	und restliche Speckwürfel darüber verteilen.

Backen

Ca. 40 Min. bei 200° C auf der mittleren Rille im vorgeheizten Backrohr, bis die Oberfläche schön goldbraun ist.

Servieren

„Plain de Pigna“ wird originalgetreu mit warmem Preiselbeerkompott serviert!

Preiselbeerkompott

15 cl Weißwein 5–6 EL Zucker	in ein Töpfchen geben,
300 g Preiselbeeren (gewaschen)	die Hälfte davon beigeben, aufkochen, bei geringer Hitze ca. 5–10 Min. weiterköcheln, mit dem Schneebesen zu einem Brei rühren; restliche Preiselbeeren beigeben, nochmals kurz aufkochen.

TIP
Statt Preiselbeeren schmecken dazu auch Heidelbeeren – etwas weniger Zucker verwenden!

Kartoffelauflauf „Wäscherinnen Art“
für 4 Personen

1 EL Butter	eine feuerfeste Auflaufform damit ausbuttern, mit
3 EL Semmelbrösel	die Form gleichmäßig ausstreuen, eventuell restliche Brösel ausklopfen;
500 g Kartoffeln	schälen, in kleine Würfel schneiden, in Salzwasser weichkochen, herausnehmen und gut abtropfen lassen,
300 g Bauernschinken	sehr fein hacken,
100 g Bergkäse (gerieben)	zusammen mit den Kartoffeln mischen;

Guß

1/2 l Milch	
3 Eier	gut miteinander verquirlen, mit
1 Messerspitze Curry	
1 TL Salz	würzen,
1 Bund Schnittlauch	fein schneiden, über die Kartoffeln gießen, dann gut durchmischen, in eine gebutterte, feuerfeste Form füllen,
3 EL Semmelbrösel	
3 EL Käse (gerieben)	mischen, den Auflauf gleichmäßig bestreuen,
reichlich Butterflöckchen	darauf verteilen.

Backen

Ca. 35 Min. bei 200° C auf der untersten Rille im vorgeheizten Backrohr.

Kartoffelgratin „Grischuna“

für 4 Personen

1 EL Butter	eine feuerfeste Auflaufform damit ausbuttern,
800 g Kartoffeln	schälen, dann in ca. 3 mm dicke Scheiben schneiden,
1/4 l Gemüsebouillon 1 EL Senf	zusammen aufkochen, Kartoffelscheiben dazugeben und bei kleiner Hitze ca. 15 Min. köcheln, bis sie halbweich sind. Samt der restlichen Flüssigkeit in die vorbereitete Form geben;
4 Tomaten 150 g Bergkäse	schälen, beide in feine Scheiben schneiden, dann auf den Kartoffeln verteilen;

Guß

6 Eier 1/4 l Milch 1 Becher Joghurt Salz Pfeffer aus der Mühle	zusammen gut verquirlen,
200 g Schinken	in kleine Würfel schneiden,
1 mittelgroße Zwiebel 1 Bund Petersilie 1 EL Rosmarin (frisch) 1 Knoblauchzehe	zusammen fein hacken, durchpressen, zur Ei-Joghurt-Mischung geben, gut durchmischen und auf den Kartoffeln verteilen,
3–4 EL Bergkäse	darüberstreuen.

Gratinieren

Ca. 20 Min. bei 200° C in der Mitte des vorgeheizten Backrohrs.

TIP

Statt Bergkäse kann auch Tilsiter verwendet werden – das Gratin schmeckt dann etwas milder.

Überbackene Schinkenkartoffeln

für 4 Personen

8 große Kartoffeln	in der Schale ca. 8 Min. halbweich kochen, halbieren und ungeschält aushöhlen, auf ein gefettetes Backblech legen; das Ausgehöhlte fein hacken und beiseite legen;

Fülle

1 Becher Sauerrahm (250 g) 1 Eigelb	miteinander gut verrühren,
150 g Schinken	in dünne Streifchen schneiden,
100 g Bergkäse (gerieben) 1 Bund Schnittlauch	schneiden, zugeben, mit
1/2 TL Salz weißem Pfeffer 1 Messerspitze Cayennepfeffer	würzen, die gehackten Kartoffeln dazugeben, gut durchmischen, in die ausgehöhlten Kartoffelhälften füllen.

Backen

Ca. 15 Min. bei 220° C in der Mitte des vorgeheizten Backrohrs, bis sich eine goldgelbe Kruste zeigt.

Servieren

Als Hauptgericht mit gemischtem Salat.

TIP
Am besten werden die Kartoffeln im Dampfkochtopf gekocht – sie platzen nicht, wenn er langsam abkühlt.

Tomatenauflauf
für 4 Personen

1 EL Butter	eine feuerfeste Auflaufform damit ausbuttern,
8 mittelgroße Tomaten	waschen, die Kappen abschneiden, mit einem Löffel gründlich aushöhlen, nebeneinander in die Form stellen;
2 TL Kräuter (frisch, feingehackt oder getrocknet)	mit
1 TL Salz	mischen und die Tomaten würzen,
700 g Kartoffeln	samt der Schale weichkochen, erkalten lassen,
200 g Speck	in Würfel schneiden, in einer Pfanne ohne Fettzugabe leicht anrösten,
1 große Zwiebel	fein hacken, zugeben und mitdünsten, auskühlen lassen,
150 g Bergkäse	in kleine Würfel schneiden,
2 EL Petersilie	fein hacken, mit dem ausgekühlten Speck und den Zwiebeln vermischen, in die ausgehöhlten Tomaten füllen, gekochte Kartoffeln in Scheiben schneiden, um die Tomaten dachziegelartig in die Auflaufform schichten;

Guß

1/2 l Milch
1 Becher Natur-Joghurt
4 Eier
je 1 Messerspitze Salz,
Pfeffer, Paprika, Muskat

1 Knoblauchzehe (gepreßt)	gut miteinander verquirlen; zuerst den Guß reichlich über die Tomaten, den Rest über die Kartoffeln gießen.

Backen

25–30 Min. bei 240° auf der untersten Rille im vorgeheizten Backrohr.

Servieren

Mit gemischtem Salat ist der Auflauf eine leichte Hauptmahlzeit.

TIP
Anstelle von Natur-Joghurt kann auch die gleiche Menge Rahm verwendet werden.

Sauerkrautauflauf

für 4 Personen

1 EL Butter	eine feuerfeste Auflaufform damit ausbuttern,
Kraut	
500 g Sauerkraut 1/8 l Weißwein (trocken)	in einem Topf zugedeckt kochen,
4–5 EL Tomatenpüree 1 kleine Kartoffel (roh)	fein reiben, mit dem Sauerkraut mischen;
Reis	
1/4 l Gemüsebouillon 100 g Rundkornreis	mit ca. 15 Min. kochen, bis er knapp weich ist,
400 g Geselchtes (vom Hals)	in kleine Würfel schneiden, ohne Fettzugabe leicht anbraten, dann
1 kleine Zwiebel 1 Knoblauchzehe	fein schneiden, durchpressen, zugeben, wenige Minuten mitdünsten, mit dem Reis sorgfältig mischen;
Guß	
1 Becher Sauerrahm 1/4 l Rahm 1 Ei 3/4 TL Salz 2 Messerspitzen Paprika	mit dem Schneebesen gut verquirlen, die Hälfte des Gusses mit dem Sauerkraut mischen; nun lagenweise: Sauerkraut-Reis-Sauerkraut in die vorbereitete Auflaufform geben, den restlichen Guß sorgfältig darübergießen.

Backen

Ca. 40 Min. bei 200° C auf der untersten Rille im vorgeheizten Backrohr.

Servieren

Dieser Auflauf braucht keine Beilage.

TIP

Anstelle von Geselchtem läßt sich auch magerer Speck verwenden; das Gericht schmeckt dann noch herzhafter.

Kürbisgratin

für 4 Personen

1 EL Butter	eine feuerfeste Auflaufform damit ausbuttern,
150 g Speck	in kleine Würfel schneiden und in einer Pfanne ohne Fett knusprig braten,
1 Zwiebel	fein hacken,
1 Knoblauchzehe (gepreßt)	zugeben, kurz andünsten,
1 kg Kürbis	schälen, in kleine Würfel schneiden, dann zugeben und ebenfalls kurz dünsten, mit
5–6 EL Weinessig (weiß) 2/8 l Gemüsebouillon	ablöschen, Kürbis knapp weichkochen (Würfel sollen nicht zerfallen), gut abtropfen lassen, Flüssigkeit beiseitestellen und den Kürbis in die vorbereitete Auflaufform geben;

Guß

1 EL Butter	in einem Topf flüssig werden lassen,
2 EL Mehl	beigeben und hellbraun anschwitzen,
1/4 l Kochflüssigkeit	zugeben, unter ständigem Rühren mit dem Schneebesen aufkochen lassen, vom Feuer nehmen,
1 Becher Sauerrahm	darunterziehen,
1 EL Dillkraut	hacken,
1 Bund Schnittlauch	fein schneiden und beigeben, mit
Salz 1 Messerspitze Muskat	würzen und den Guß über den Kürbis gießen, mit

Schopfspeck

Osso Collo

Bauchspeck

Bauernbraten

1 EL Semmelbrösel
2 EL Reibkäse — bestreuen, zum Schluß noch

2 EL Butterflöckchen — darauf verteilen.

Gratinieren

Ca. 20 Min. bei 220° C in der Mitte des vorgeheizten Backrohrs.

TIP
Der Guß kann anstelle von Sauerrahm auch mit Joghurt zubereitet werden.

Maisauflauf

für 4 Personen

1 EL Butter	eine feuerfeste Auflaufform damit ausbuttern,
1 EL Olivenöl	in einer Pfanne erhitzen,
1 mittelgroße Zwiebel	fein hacken,
1 Knoblauchzehe	durchpressen,
150 g Maisgries (grob)	zugeben und kurz andünsten,
2 mittelgroße Tomaten 2 grüne Paprika	in kleine Würfel schneiden, beigeben und dünsten, bis das Gemüse zusammenfällt, mit
1 EL Zitronensaft 1/2 l Gemüsebouillon	ablöschen, unter ständigem Rühren nochmals aufkochen, nun die Hitze reduzieren und ca. 25 Min. köcheln lassen, dann den Brei auskühlen lassen;
200 g Schinkenspeck	in einer Pfanne ohne Fett leicht anrösten, mit
1/8 l Rahm	aufgießen, dann
50 g Bergkäse	reiben, zugeben, dann
3 Eier	dazurühren, mit
1/2 TL Salz Pfeffer aus der Mühle	würzen und mit dem Maisbrei gründlich mischen,
3 Eiweiß 1 Prise Salz	zu einem steifen Schnee schlagen, sorgfältig unter die Masse heben, sofort in die vorbereitete Form füllen.

Backen

30–35 Min. bei 200° C auf der untersten Rille im vorgeheizten Backrohr.

Servieren

Mit gemischtem Salat ist der Auflauf eine leichte Hauptmahlzeit.

Variante

Zur Abwechslung 2–3 EL frische gehackte Petersilie oder andere Kräuter dazumischen.
Statt Maisgries können auch grober Gries oder Polenta verwendet werden.

TIP
Der Auflauf kann gut vorbereitet werden; allerdings wird dann das Eiweiß erst kurz vor dem Backen steif geschlagen und unter die Masse gehoben.

Polentagratin „Vilma“
für 4 Personen

1 EL Butter	eine feuerfeste Auflaufform damit ausbuttern,
1 l Wasser 1 TL Salz	in einem Topf zum Kochen bringen, Hitze reduzieren,
200 g Polenta (grob)	unter ständigem Rühren langsam einlaufen lassen, auf kleinem Feuer ca. 20 Min. köcheln lassen, nun die Hälfte davon in die Form füllen;
Sauce	
1 EL Olivenöl	in einer Pfanne erhitzen,
300 g Geselchtes (gekocht)	beifügen und leicht anbraten,
1 mittelgroße Zwiebel	hacken und mitdünsten, mit
1/4 l Weißwein (trocken)	ablöschen und 15 Min. lang leise köcheln lassen, mit
Salz Pfeffer aus der Mühle	würzen,
150 g Käse (würzig)	reiben, die Hälfte davon gleichmäßig über die Polenta streuen, dann das Geselchte darüber verteilen, mit der restlichen Polenta bedecken, nun
50 g Speck	in Würfel schneiden und darübergeben, dann mit dem restlichen Käse bestreuen.

Gratinieren

Ca. 20 Min. bei 220° C in der Mitte des vorgeheizten Backrohrs.

Servieren

Mit gemischtem Salat ist der Auflauf eine leichte Hauptmahlzeit.

TIP

Anstelle von gekochtem Geselchten läßt sich auch magerer Speck verwenden; das Gericht schmeckt dann noch herzhafter.
Zur Abwechslung 2–3 EL frische gehackte Petersilie oder andere Kräuter zur Sauce dazumischen.

Polentaauflauf „Kartäuser Art“

für 4 Personen

1 EL Butter	eine feuerfeste Auflaufform damit ausbuttern,
1/2 l Wasser 1/2 l Wein 1/4 TL Salz	aufkochen,
350 g Polenta	in die kochende Flüssigkeit unter ständigem Rühren vorsichtig einlaufen lassen, bei geringer Hitze ca. 10 Min. lang zu einem dicken, noch feuchten Brei kochen, dann eine Hälfte davon in die ausgebutterte Auflaufform geben;
Tomatensauce	
2 EL Olivenöl	in einer Pfanne erhitzen,
1 mittelgroße Zwiebel	fein hacken und andünsten,
6–8 mittelgroße Tomaten	in kleine Würfel schneiden, zugeben und so lange köcheln, bis sie zerfallen, mit
Salz Pfeffer aus der Mühle	würzen, dann
1 Handvoll Basilikum	fein schneiden, 2/3 davon zur Sauce geben, nun
250 g Schinkenspeck	in Streifen schneiden, auf der Polenta verteilen, die Hälfte der Tomatensauce darübergeben, dann mit der restlichen Polenta bedecken, einige Basilikumblätter darauf verteilen, nun
50 g Parmesan	reiben und darüberstreuen, dann die Tomatensauce darübergießen,
3 EL Butterflöckchen	darauf verteilen.

Backen

Ca. 45 Min. bei 200° C auf der untersten Rille im vorgeheizten Backrohr.

Servieren

Mit gemischtem Salat ist der Auflauf eine leichte Hauptmahlzeit.

Variante

Mit frischen, feinblättrig geschnittenen Steinpilzen, eventuell auch Pfifferlingen schmeckt dieser Polentaauflauf noch außergewöhnlicher.

TIP

Anstelle von Schinkenspeck läßt sich auch gekochter Schinken verwenden, das Gericht schmeckt dann etwas milder.
Zur Abwechslung einige EL frische gehackte Petersilie oder andere Kräuter unter die Polenta mischen.

Risotto-Schinken-Gratin

für 4 Personen

1 EL Butter	eine feuerfeste Auflaufform damit ausbuttern,
1 EL Butter	in einer Pfanne schmelzen,
200 g Reis (für Risotto)	
1 kleine Zwiebel	fein hacken, zugeben und dünsten, bis der Reis glasig ist,
1 EL Curry (mittelscharf)	dazumischen und mit
1/4 l Weißwein	ablöschen, leicht einkochen lassen,
1/2 l Gemüsebouillon	dazugießen, nun den Reis 10–15 Min. lang unter häufigem Rühren zu einem feuchten Risotto (Reis sollte noch „Biß" haben) kochen, in die vorbereitete Auflaufform füllen, mit
2 EL Käse (gerieben)	bestreuen und
2 EL Butterflöckchen	darauf verteilen.

Gratinieren

10 Min. bei 250° C in der Mitte des vorgeheizten Backrohrs.

Servieren

Mit gemischtem Salat ist dieses Gratin eine leichte Hauptmahlzeit.

TIP

Dieses Gratin läßt sich gut vorbereiten; bei kaltem Reis erhöht sich allerdings die Gratinierzeit auf ca. 15–20 Min.

Schinken-Reis-Auflauf
für 4 Personen

1 EL Butter	eine feuerfeste Auflaufform damit ausbuttern,
1/4 l Wasser 1/2 TL Salz 2 EL Butter	aufkochen,
150 g Rundkornreis	einrühren, zugedeckt bei mittlerer Wärme ca. 7 Min. kochen, öfters umrühren,
1/2 l Milch	dazurühren, noch ca. 30 Min. leise köcheln, den feuchten Reis ein wenig auskühlen lassen,
250 g Schinkenspeck	in Streifen schneiden, zum Reis geben,
3 Eier 5–6 EL Joghurt	gut verquirlen,
150 g Bergkäse	reiben, zugeben, mit
Salz Pfeffer aus der Mühle	würzen und alles sorgfältig miteinander vermischen; in die vorbereitete Auflaufform füllen,
50 g Bergkäse	reiben, den Auflauf damit bestreuen,
3 EL Butterflöckchen	darauf verteilen.

Backen

35–40 Min. bei 200° C auf der untersten Rille im vorgeheizten Backrohr.

TIP
Es können auch andere Speck- oder Schinkensorten verwendet werden – dadurch wird das Aroma des Auflaufs immer ein wenig anders.
Die Butterflöckchen können auch durch Salbeibutter ersetzt werden – schmeckt ganz außergewöhnlich!

Salbeibutter

ca. 80 g Butter	schaumig rühren,
6–8 Salbeiblätter	fein hacken und sorgfältig dazumischen, mit
1 Prise Salz	würzen, kühl stellen.

SPECK, SCHINKEN UND CO. ... IN WÜRZIGEN EINTÖPFEN UND ALS HERZHAFTE PFANNENGERICHTE

Karotten-Kartoffel-Topf
für 4 Personen

1 TL Butter	in einer Pfanne flüssig werden lassen,
150 g Speck	würfelig schneiden, beigeben und glasig werden lassen,
2 TL Rosmarin (frisch) 2–3 Pfefferminzblätter (frisch) 1 mittelgroße Zwiebel	zusammen fein hacken,
400 g Karotten	in 1/2 cm dicke Scheiben schneiden,
400 g Kartoffeln	schälen, in gleichmäßig große Würfel schneiden, zum Speck geben und zugedeckt andämpfen, mit
1/4 l Gemüsebouillon	ablöschen, Hitze reduzieren und ca. 25–30 Min. leise köcheln, mit
Salz Pfeffer aus der Mühle	würzen und vor dem Servieren noch
1 Bund Petersilie	hacken,
2 EL Butter	sorgfältig darunterrühren.

Nudel-Speck-Pfanne

für 4 Personen

3 l Wasser 2–3 TL Salz	zusammen aufkochen,
500 g Hörnchen	zugeben, halbweich kochen,
150 g Bauchspeck	in feine Streifen schneiden, in einer Pfanne goldgelb braten,
100 g Pfifferlinge	schneiden, zugeben, anbraten, Hörnchen zugeben, kurz mitbraten, Hitze reduzieren;

Guß

1/4 l Rahm 2 Eier Salz Pfeffer Muskat	alles zusammen sämig rühren,
1 Bund Schnittlauch	schneiden,
50 g Käse (gerieben) 2 EL Kapern	grob hacken, alles zusammen gut verrühren, über die Teigwaren gießen, zugedeckt bei geringer Hitze ca. 20 Min. festwerden lassen.

Servieren

Noch heiß auf einen flachen Teller stürzen und sofort servieren!

TIP
Statt Pfifferlingen können auch Champignons verwendet werden; es kann aber auch Gemüse, z. B. frische Erbsen, genommen werden.

Hirtenpfanne

für 4 Personen

800 g Kartoffeln	am Vortag in der Schale kochen,
2 EL Bratbutter	in einer Pfanne erhitzen,
1 große Zwiebel 1 Bund Petersilie	fein hacken, zugeben, kurz andünsten, Kartoffeln schälen, in 2 mm dicke Scheibchen schneiden, in die Pfanne geben, anbraten,
200 g Geselchtes	in Streifen schneiden, zugeben, gut mischen, Hitze reduzieren, mit
Salz Pfeffer aus der Mühle	würzen;

Guß

4 Eier 4 EL Rahm wenig Salz etwas Muskat	zusammen mit dem Schneebesen gründlich schlagen, über die Kartoffeln gießen, zugedeckt bei geringer Hitze festwerden lassen.

Servieren

Sorgfältig vom Pfannenrand lösen, auf eine Platte stürzen und sofort servieren!
Mit Salat ein ausgezeichnetes Hauptgericht.

> **TIP**
> Bei Bratpfannen kann ein großer, flacher Teller (Tortenplatte) mit der Unterseite nach oben als Deckelersatz dienen.

Speckkartoffeln
für 4 Personen

200 g Schinkenspeck	würfelig schneiden, in einem Topf ohne Fett bei schwacher Hitze goldbraun anbraten,
1 große Zwiebel 1 Knoblauchzehe	zusammen fein hacken, beigeben und kurz mitbraten,
800 g Kartoffeln	schälen, in gleichmäßig große Würfel schneiden, mit
1/8 l Weißwein	aufgießen,
1 TL Majoran	fein hacken, anschließend mit
1/2 TL Salz Pfeffer aus der Mühle 1 Messerspitze Muskat	würzen, zugedeckt bei schwacher Hitze 25–30 Min. weichkochen; falls erforderlich, ein wenig Wasser nachgeben,
4 mittelgroße Tomaten	in Würfel schneiden, in der Hälfte der Kochzeit zugeben, die Flüssigkeit sollte am Ende der Kochzeit fast eingekocht sein;
1 Bund Schnittlauch	fein schneiden und vor dem Servieren über die Speckkartoffeln streuen.

TIP
Anstelle der frischen Tomaten können auch solche aus der Dose (jedoch ohne Flüssigkeit) verwendet werden.

Spaghetti alla Carbonara (nach Köhlerart)

für 4 Personen

3 l Wasser 2–3 TL Salz	zusammen aufkochen,
600 g Spaghetti	beigeben, „al dente" kochen, dann gut abtropfen lassen (nicht kalt abschrecken);
1 mittelgroße Zwiebel	fein hacken,
150 g Bauchspeck (mager) 3 EL Butter	in Pfanne erwärmen, Zwiebel und Bauchspeck zugeben, goldgelb braten (Zwiebel muß ganz weich werden);
2 Eier 100 g Käse (je zur Hälfte Parmesan – Peccorino)	reiben,
Pfeffer aus der Mühle Salz nach Belieben	in erwärmter Schüssel sehr rasch und gut miteinander verrühren; die Speck-Zwiebel-Mischung zugeben; mit den noch heißen Spaghetti vermischen.

Servieren

Sehr heiß auf den Tisch bringen!

TIP

Die Eier mit 3–4 EL Rahm im Wasserbad miteinander vermischen. Statt Bauchspeck kann auch Rohschinken verwendet werden – dann jedoch keine Butter verwenden, sondern das Fett des Rohschinkens erhitzen, die gehackte Zwiebel darin dünsten und das Fleisch erst ganz zum Schluß zugeben.

Nudeln „Adriana“

für 4 Personen

3 l Wasser 2–3 TL Salz	zusammen aufkochen,
400 g Hörnchen	„al dente“ kochen; inzwischen
250 g Bauchspeck	in kleine Würfel schneiden, in einer Pfanne goldbraun rösten,
1 kleine Zwiebel	sehr fein hacken, zum Speck geben, glasig werden lassen,
400 g Champignons	vierteln, mit
250 g Erbsen (frisch)	leicht dünsten; nun alles vermengen, gut miteinander vermischen, mit
Salz Pfeffer aus der Mühle	würzen;

Sauce

1/4 l Rahm	erhitzen,
100 g Parmesan (gerieben) 3 EL Petersilie	einrühren, sofort mit der Nudelmasse mischen.

Servieren

Noch heiß auf den Tisch bringen!

Schinkenhörnle

für 4 Personen

Sauce

3 l Wasser 2 EL Salz	zum Kochen bringen,
400 g Hörnle (Hörnchen)	zugeben und fast weich kochen, warm stellen;
2 EL Bratbutter	in einer Pfanne heiß werden lassen,
200 g Rindfleisch (faschiert)	gut anbraten,
200 g Schinken	grob hacken, ebenfalls mitbraten,
1 Zwiebel	sehr fein hacken, zugeben und mitdünsten, mit
1/8 l Rotwein 1/4 l Fleischbouillon	aufgießen,
2 EL Tomatenpüree	zugeben und gut verrühren, mit
etwas Salz Pfeffer aus der Mühle	würzen, leicht weiterköcheln lassen, zum Schluß
1 EL Petersilie	hacken und dazugeben.

Servieren

Noch heiße, gut abgetropfte Hörnle auf einer heißen Platte anrichten, die Sauce darübergießen und so heiß wie möglich servieren.

TIP
Man kann die Sauce bereits am Vortag zubereiten und im Kühlschrank zugedeckt aufbewahren.

Älplerrösti
für 4 Personen

1 kg Kartoffeln	am Vortag weich kochen, schälen, grob raffeln, mit
1 TL Salz Pfeffer aus der Mühle	mischen,
150 g Bauchspeck	in kleine Würfel schneiden, in einer Pfanne goldbraun braten,
1 mittelgroße Zwiebel	in feine Ringe schneiden, zum Speck geben, glasig werden lassen, Kartoffeln dazugeben; diese zu einem „Kuchen“ pressen,
2 EL Milch	darüberträufeln.

Wichtig!

Nun sehr gut zudecken (am besten einen Teller darauflegen; zwischen Rösti und Teller sollte kein Zwischenraum sein).
Sobald die Kartoffeln brutzeln, die Hitze reduzieren – ca. 30 Min. lang ganz leise braten lassen; es bildet sich so eine herrliche Kruste!
Nun die Rösti sehr vorsichtig wenden.

150 g Bergkäse (würzig)	raffeln, über die Rösti verteilen, nochmals kurz zudecken, so daß der Käse schmilzt.

Servieren

Die Rösti auf einen flachen Teller stürzen und heiß servieren!

Bauernschmaus

für 4 Personen

2 mittelgroße Zwiebeln	hacken,
2 EL Bratbutter	erhitzen, die Zwiebeln darin glasig werden lassen,
500 g Kartoffeln	(am Vortag gekocht) in Scheibchen schneiden, in die Pfanne geben und leicht braten,
250 g Selchkarree	(am Vortag gekocht) in kleine Würfel schneiden, zugeben, miteinander vermischen, weiterbraten,
150 g Sauerkraut	gut abtropfen lassen, beigeben, dann noch ca. 10 Min. zusammen durchbraten, dabei immer wenden.

Servieren

In der noch heißen Pfanne sofort auf den Tisch bringen!
Mit grünem Salat ist das Essen komplett.

Kartoffelschnee

für 4 Personen

800 g Kartoffeln	schälen, würfelig schneiden,
3/4 l Wasser 1 EL Salz	zusammen aufkochen, Kartoffeln beigeben (sie müssen knapp mit Wasser bedeckt sein); bei wenig Hitze, zugedeckt, ca. 20 Min. lang kochen lassen, Wasser abgießen; zurück auf die abgeschaltete Platte stellen, immer wieder durchschütteln, bis die Kartoffeln trocken sind;
3–4 EL Butterflöckchen	daruntermischen, in eine vorgewärmte Schüssel passieren;

Tomaten-Speck-Sauce

250 g Bauchspeck	in feine Streifen schneiden, ohne Fettzugabe in einer Pfanne goldgelb anbraten,
1 Zwiebel	fein hacken, zum Speck geben, bei geringer Hitze ca. 5 Min. dünsten,
3 Tomaten	schälen, klein schneiden, zusammen mit
1 EL Tomatenpüree	zugeben und kurz mitdünsten, mit
ca. 1/8 l Wasser	aufgießen, nun mit
1/2 Gemüsebouillonwürfel Pfeffer aus der Mühle 1 Messerspitze Muskat	würzen, bei geringer Hitze ca. 25 Min. köcheln; heiß über den Kartoffelschnee gießen und sofort servieren.

Grüne Kartoffelnudeln

für 4 Personen

800 g Kartoffeln	in der Schale weichkochen, noch warm schälen, abkühlen lassen, zugedeckt im Kühlschrank aufbewahren, erst am nächsten Tag raffeln;
200 g Mehl 2 TL Salz	zugeben und gründlich mischen,
1 Ei 1 Eigelb	miteinander verklopfen,
100 g Blattspinat	blanchieren, zusammen mit
100 g Schinken	(sehr fein hacken)
50 g Käse (gerieben)	zur Kartoffelmasse geben, zu einem Teig zusammenfügen (nicht kneten); daumendicke Rollen formen, in ca. 5 cm lange Stücke schneiden; nun
2 EL Bratbutter	in einer Bratpfanne heiß werden lassen, Kartoffelnudeln portionenweise goldbraun braten.

Servieren

Als Beilage zu Fleisch; als Hauptgericht mit Tomatensalat servieren.

TIP

Die Kartoffelnudeln nur durch Schütteln der Pfanne wenden! Durch oftmaliges Wenden mit der Bratschaufel würden sie zerfallen.

SPECK, SCHINKEN UND CO. … IN KNÖDELN, NOCKERLN, KRAPFERLN

Tiroler Speckknödel

für 4 Personen

2 l Wasser 1 TL Salz	in einem Topf aufkochen,
50 g Butter	in einer Pfanne heiß werden lassen,
1 mittelgroße Zwiebel	fein hacken, zugeben und goldgelb rösten, dann
150 g Geselchtes 1 Bund Petersilie	in feine Würfel schneiden, fein hacken, zusammen mit
500 g Knödelbrot	kurz rösten, abkühlen lassen;
1/4 l Milch 2 Eier Salz	miteinander gut verquirlen, über die Masse gießen, gut durchrühren, dann so lange ziehen lassen, bis die Brotwürfel gleichmäßig durchfeuchtet sind; mit
40 g Mehl	die Knödelmasse binden, mit feuchten Händen Knödel formen, in das kochende Salzwasser einlegen, bei geringer Hitze ca. 10–15 Min. kochen lassen.

Servieren

Als Suppeneinlage; als Beilage zu Sauerkraut, Linsen, Schwammerl- und Rindsgulasch, usw.

Lechtaler Knödel

für 4 Personen

250 g Kartoffeln	kochen, dann passieren,
3/4 l Essigwasser	in eine Schüssel geben, mit einem Tuch auslegen,
750 g Kartoffeln	roh schälen, hineinraffeln, dann mit dem Tuch herausheben und gut ausdrücken, mit den passierten Kartoffeln vermischen, nun
1–2 EL Kartoffelmehl Salz Pfeffer aus der Mühle	zugeben und alles zusammen zu einem festen Teig verkneten; mit nassen Händen nicht zu große Knödel formen, in
2 l kochendes Salzwasser	einlegen, so lange kochen, bis sich die Knödel „drehen“;
6–8 EL Butter	in einer Pfanne heiß werden lassen,
1 mittelgroße Zwiebel 250 g Geselchtes	fein hacken, zur Butter geben und goldbraun rösten, die gekochten Knödel darin wälzen.

Servieren

Als Beilage zu gegrilltem oder gebratenem Fleisch;
mit gemischtem Salat eine vorzügliche Hauptmahlzeit!

Grammelknödel
für 4 Personen

700 g Kartoffeln	kochen, heiß schälen und sofort passieren, mit
1 Ei 120 g Mehl 2 EL Gries Salz Muskatnuß	zu einem Teig kneten, ca. 1 Stunde ruhen lassen; anschließend etwa 5 mm dick auswalken, kleine viereckige Stücke schneiden;
Fülle	
ca. 500 g Rückenspeck	in ca. 2 cm große Würfel schneiden, mit
etwas Wasser	in einem tiefen Topf erhitzen, ständig rühren, bis die Grammeln im flüssigen Fett schwimmen, eine bräunliche Farbe angenommen haben und knusprig sind; nun mit der Schaumkelle abschöpfen und auskühlen lassen;
2 EL Petersilie	gut vermischen, in die Mitte der vorbereiteten Teigstücke etwa 1 EL Fülle geben, nun die vier Ecken übereinanderschlagen und Knödel formen;
3 l Salzwasser	zum Kochen bringen, die Knödel vorsichtig einlegen und ca. 10 Min. kochen lassen.

(Fortsetzung auf der Folgeseite)

Variante

Ca. 50 g Schinkenspeck in wenig Fett goldbraun rösten, dann ca. 100 g Semmelbrösel zugeben, anschließend die Knödel darin wälzen, nun reichlich Grammelfett heiß werden lassen und die Knödel darin schwimmend backen.

Servieren

Mit Sauerkraut, mit gedünstetem Rotkraut, mit frischem Krautsalat.

Vinschgauer Specknocken

für 4 Personen

100 g Mehl 2 Eier 2–3 EL Milch	zu einem Nockerlteig verarbeiten,
2–3 EL Butter	weich werden lassen und dazurühren, mit
Salz Pfeffer aus der Mühle	würzen,
150 g Bauchspeck (geräuchert)	grob hacken, dazumischen;
3 l Wasser 1 EL Salz	aufkochen,
	aus der Masse mit 2 Löffeln kleine Nockerln formen und ins kochende Wasser gleiten lassen. Wenn alle Nockerln obenauf schwimmen, vom Feuer nehmen und noch 2–3 Min. ziehen lassen, dann abseihen; Nockerln sofort in eine heiße Schüssel geben, mit
150 g Bergkäse (gerieben)	bestreuen und zum Schluß mit
100 g Butter	(erhitzen und braun werden lassen) übergießen.

Servieren

Mit Krautsalat eine ausgezeichnete Hauptmahlzeit!

Capuns (rätoromanisch: Nockerln)

für 4 Personen

Fülle

250 g Mehl 1 Prise Salz 6 EL Milch 4 Eier	miteinander gut vermischen, ca. 30 Min. ruhen lassen,
1/2 EL Butter	in einer Pfanne erwärmen,
1 Zwiebel 1 Bund Petersilie	fein hacken,
4 EL Schnittlauch	schneiden, zugeben, kurz andünsten, auskühlen lassen, dann mit dem Teig mischen,
250 g Schinkenspeck	in kleine Würfel schneiden, dazumischen,
32 Mangoldblätter (jung)	kurz blanchieren, mit eiskaltem Wasser abschrecken, trockentupfen; die vorbereitete Fülle auf den Blättern verteilen, dann aufrollen (kleine „Päckchen" formen);

Garen

1/4 l Rahm 3/8 l Bouillon	zusammen aufkochen, mit
1 Prise Salz Pfeffer aus der Mühle	würzen, Hitze reduzieren, Capuns beigeben und zugedeckt bei geringer Hitze ca. 8–10 Min. köcheln,
3 EL Bratbutter	in einer Pfanne erwärmen,
150 g Rohschinken	in Streifchen schneiden, zugeben und goldgelb braten.

(Fortsetzung auf der Folgeseite)

Servieren

Capuns in eine erwärmte Schüssel geben, mit der restlichen Garflüssigkeit übergießen und mit den gebratenen Schinkenstreifen bestreuen.

Variante

Sind Mangoldblätter nicht erhältlich, so können auch große Spinatblätter verwendet werden.

TIP

Capuns können problemlos am Tag zuvor zubereitet und im Kühlschrank zugedeckt aufbewahrt werden.
Vor dem Servieren in der Garflüssigkeit vorsichtig erwärmen.

„Härdöpfel-Pizokel“ (Spezialität aus dem Prättigau)

für 4 Personen

1 EL Butter	eine ofenfeste Auflaufform damit ausstreichen,
3 l Wasser 1 TL Salz	in einen Topf geben und aufkochen, dann Hitze reduzieren;
700 g Kartoffeln (roh)	schälen und raffeln, den Saft sehr gut ausdrücken, in eine Schüssel geben;
130 g Mehl 1 TL Salz Pfeffer aus der Mühle	mit den Kartoffeln gut vermischen; nun mit einem Teelöffel aus der Masse kleine Nockerln stechen und sofort ins Wasser geben; Nockerln ca. 10 Min. im heißen Wasser ziehen lassen, bis sie auf der Oberfläche schwimmen, mit dem Schaumsieb herausnehmen, abtropfen lassen und in die vorbereitete Auflaufform geben;
200 g Bergkäse	reiben und darüberstreuen.

Gratinieren

Ca. 20 Min. bei 200° C in der Mitte des vorgeheizten Backrohrs.

1 EL Butter	in einer Pfanne schmelzen,
200 g Bauernspeck	in kleine Würfel schneiden und darin knusprig braten,
2 mittelgroße Zwiebeln	in feine Streifen schneiden, zugeben und goldbraun braten.

(Fortsetzung auf der Folgeseite)

Servieren

Die Speck-Zwiebel-Mischung vor dem Servieren über die Pizokel geben und noch heiß servieren. Im Prättigau wird dazu Preiselbeerkompott gereicht.

TIP

Wegen des unterschiedlichen Stärkegehalts von Kartoffeln ist es sinnvoll, zunächst nur 1 Pizokel im Wasser zu kochen. Sollte sie auseinanderfallen, dann der Masse noch etwas mehr Mehl beigeben.

Diese Pizokel lassen sich am Vortag ofenfertig zubereiten.

Graubündner Schinken-Spinat-Pizokel

für 4 Personen

Pizokel-Teig

150 g Mehl 200 g Buchweizenmehl	in eine Schüssel geben und mischen,
1/2 TL Salz 1/8 l Milch 4 EL Wasser 3 Eier	miteinander verquirlen, mit dem Mehl mischen und zugedeckt ca. 30 Min. quellen lassen;
50 g Butter	in einer Pfanne erwärmen,
100 g Rohschinken	zugeben und glasig dünsten,
6–8 Salbeiblätter	in Streifen schneiden,
1 kleine Zwiebel	halbieren, in feine Scheiben schneiden, zugeben und kurz mitdünsten,
250 g Spinat	zunächst in reichlich Salzwasser kurz blanchieren, herausnehmen, abtropfen lassen und grob hacken, mit Schinken-Zwiebeln mischen,
2 l Wasser 1–2 TL Salz	zusammen aufkochen.

Pizokel-Teig auf ein nasses Schneidbrett geben, mit einem in heißes Wasser getauchtem Messer schmale Stücke abschneiden und sofort in das kochende Wasser schieben. Kochen lassen, bis die Pizokel an die Oberfläche steigen; mit einem Schaumlöffel herausnehmen, gründlich abtropfen lassen und sofort zu der Schinken-Spinat-Mischung geben.

Servieren

Zusammen nochmals erwärmen; auf einer vorgewärmten Platte servieren.

Nudelkrapferln „Tante Alma“

für 4 Personen

3 l Wasser 2–3 TL Salz 1 Lorbeerblatt	miteinander aufkochen,
400 g Bandnudeln	beigeben, „al dente“ kochen, dann gut abtropfen lassen (nicht kalt abschrecken),
200 g Karreespeck	in feine Streifen schneiden,
100 g Bergkäse (gerieben) 2 Bund Petersilie (fein hacken) 1 Messerspitze Muskat Pfeffer aus der Mühle	gut mit den noch heißen Nudeln vermischen; Kuchenform kalt ausspülen, die Masse einfüllen, festpressen, erkalten lassen, dann stürzen, mit einem Löffel Krapferln ausstechen;
2 EL Öl	in einer Bratpfanne erhitzen, die Nudelkrapferln darin goldbraun braten.

Servieren

Sehr heiß auf den Tisch bringen!
Dazu schmeckt frischer Tomatensalat ausgezeichnet!

TIP

Die Nudelkrapferln schmecken auch paniert hervorragend!
Es können auch andere Nudeln verwendet werden. Man kann auch Nudelreste verwerten, allerdings sollten diese zuvor in Salzwasser heißgemacht werden.

Schinkenkrapferln

für 4 Personen

500 g Kartoffeln	in der Schale kochen, noch heiß schälen und passieren, auskühlen lassen,
1 Ei 150 g Mehl 1 Prise Salz 1 Messerspitze Muskat 1 TL Butter	miteinander mischen und zu einem festen Teig verkneten, auf einem mit Mehl bestreuten Brett ca. 4–5 mm dick ausrollen, Rechtecke schneiden;

Fülle

150 g Schinken	in feine Würfel schneiden,
100 g Emmentalerkäse	reiben,
1 Bund Petersilie	fein hacken und zusammenmischen; die Fülle auf die Teigecken verteilen, die Ecken übereinanderschlagen, gut zudrücken; in heißem Fett goldgelb herausbacken.

Servieren

Die Krapferln schmecken besonders gut mit Tomatensauce!

Lauch-Schinken-Küchlein

für 4 Personen

500 g Kartoffeln	(am Vortag gekocht) schälen, grob raffeln,
200 g Lauch	in ganz feine Scheiben schneiden,
1 EL Butter	erwärmen, Lauch beigeben, knapp weich dünsten, zu den Kartoffeln geben,
200 g Landschinken	in feine Streifchen schneiden,
	alles vermischen,
2 Eier 1/2 TL Salz Pfeffer aus der Mühle 1 Messerspitze Muskat	gut miteinander verquirlen, über die Masse gießen, gut mischen;
Öl (Bratbutter)	in einer Pfanne heiß werden lassen; mit einem Eßlöffel Häufchen in das heiße Fett geben, flach andrücken, beidseitig goldbraun braten.

Servieren

Auf einer vorgewärmten Platte anrichten und sofort servieren!
Mit Blattsalaten als Beilage ein ausgezeichnetes Essen! Die Küchlein schmecken aber auch hervorragend zu Fleisch.

TIP

Die Küchlein können auch im Rohr gebacken werden. In diesem Fall werden die Häufchen auf ein mit Backtrennpapier belegtes Blech verteilt und dann ca. 20 Min. lang bei ca. 200° C in der Mitte des vorgeheizten Backrohrs gebacken.

Kartoffelküchlein
ca. 15 Stück

800 g Kartoffeln (mehlig)	in der Schale kochen, heiß schälen, sofort passieren,
2 Eier	gut verklopfen,
1 TL Salz Pfeffer aus der Mühle 1 Messerspitze Muskat 3 EL Mehl	dazurühren, dann mit den Kartoffeln sorgfältig mischen,
150 g Bauchspeck	in feine Streifchen schneiden, ohne Fett in einer Pfanne leicht rösten,
1 mittelgroßer Lauch	in feine Ringe schneiden, mitbraten; nach dem Auskühlen Kartoffelmasse sorgfältig dazumischen;
5 EL Semmelbrösel 1 Bund Petersilie	fein hacken, dann alles vermischen.

Formen

Mit nassen Händen runde Plätzchen formen, in den Bröseln wenden, auf ein gefettetes Backblech legen, mit zerlassener Butter bestreichen.

Backen

Ca. 20 Min. bei 220° C im vorgeheizten Backrohr goldgelb backen.

TIP
Die Küchlein können auch in der Bratpfanne gebraten werden.
Statt Küchlein Kroketten formen und frittieren.

SPECK, SCHINKEN UND CO. ... IN LOCKEREN OMELETTEN, LUFTIGEN MOUSSES, SOUFFLES UND PUDDINGEN

Schinken-Champignon-Omelette
für 4 Personen

Teig	
200 g Mehl	in eine Schüssel geben,
1/2 TL Salz	
1/4 l Wasser	beigeben und gut glattrühren,
4 Eier (gut verquirlt)	darunterrühren,
1 TL Öl	zugeben, zu einem glatten, dünnen Teig verrühren; mindestens 1/2 Stunde lang zugedeckt ruhen lassen;
Backen	
Sonnenblumenöl (-margarine)	wenig Öl oder Margarine in einer Bratpfanne heiß werden lassen, wenig Teig (Boden darf nur dünn überzogen sein) in die Pfanne geben, Hitze leicht reduzieren. Wenn die Unterseite Farbe angenommen hat und sich von selbst löst, wenden; gebackene Omeletten auf flachem Teller warmstellen;
Fülle	
200 g Bauernschinken	in feine Streifen schneiden,
200 g Champignons	feinblättrig schneiden,
1/2 Zitrone (Saft)	Pilze damit sofort beträufeln,

Salz / Pfeffer	zugeben, zugedeckt bei mittlerer Hitze ca. 5 Min. lang dünsten, Flüssigkeit abgießen und ca. 1/8 l davon beiseite stellen; Pilze zugedeckt stehen lassen;

Sauce

2 EL Margarine	warm werden lassen,
3 EL Mehl	zugeben, anschwitzen,
1/8 l Pilzflüssigkeit 1/8 l Milch	zusammen dazugießen, unter ständigem Rühren leicht aufkochen, Hitze reduzieren, ca. 5 Min. lang köcheln lassen, Champignon-Schinken-Streifen daruntermischen,
Salz / Pfeffer	nach Belieben nachwürzen.

Servieren

Omeletten in Viertel zusammenlegen und füllen.

Gefüllte Omeletten

für 4 Personen

Teig

100 g Mehl 1/2 TL Salz	in einer Schüssel gut mischen,
1/4 l Milchwasser (je zur Hälfte Wasser – Milch)	2/3 davon unter einem zugießen und mit dem Schneebesen glattrühren,
2 Eier	dazurühren, restliche Flüssigkeit zufügen und zu einem glatten Teig verrühren; mindestens 1/2 Stunde zugedeckt ruhen lassen, dann
Bratbutter (nach Bedarf)	in eine Pfanne geben, heiß werden lassen, nur soviel Teig hineingeben, daß der Boden dünn überzogen ist. Hitze reduzieren und die Omeletten beidseitig backen, dann auf einen flachen Teller gleiten lassen; im Backrohr warm halten oder mit Alufolie bedecken;

Fülle

200 g Speck (mager durchzogen)	in feine Streifen schneiden, in einer Pfanne ohne Fett knusprig braten,
3 Karotten 200 g Champignons	in dünne Scheibchen schneiden,
1 kleiner Lauch	halbieren, fein schneiden, in die Pfanne geben, so lange dünsten, bis die Karotten halbweich sind, mit
1/2 TL Salz Pfeffer (weiß; nach Wunsch)	würzen,
1 EL Mehl	darüberstäuben, sorgfältig einrühren,

6 EL Rahm	zugeben, ca. 3 Min. leise köcheln lassen,
1 Bund Petersilie	hacken und mit der Fülle vermischen.

Fertigstellen

Die Fülle auf etwa 3/4 der Omeletten verteilen und einrollen.

Servieren

Mit einer würzigen Tomatensauce.

Gratinieren

Ca. 15 Min. bei 220° C auf der untersten Rille im vorgeheizten Backrohr.

TIP

Man kann diese Omeletten auch gratinieren!
Gefüllt in eine ausgebutterte Form legen, mit Tomatensauce übergießen, mit 4 EL Parmesan bestreuen und Butterflöckchen darauf verteilen.

Zwiebel-Schinken-Omelette

für 4 Personen

1 EL Butter	in einer Pfanne warm werden lassen,
200 g Rohschinken	in Streifen schneiden und knusprig braten,
3 mittelgroße Zwiebeln	in sehr feine Streifen schneiden, zugeben und 2–3 Min. lang dünsten,

Guß

6 Eier 1/8 l Rahm	mit dem Schneebesen gründlich schlagen, mit
1 TL Salz Pfeffer aus der Mühle	würzen,
1 Bund Petersilie	hacken und dazumischen; den Guß über die Zwiebel-Schinken-Mischung gießen, zugedeckt stocken lassen, vorsichtig umdrehen und einige Minuten anbraten.

Variante

Man kann auch 2 Tomaten (in Scheiben) dazugeben; auch grüne Paprika (in Streifen) oder Pilze eignen sich.

Schinkenmousse

für 4 Personen

1 EL Butter	in Pfanne erwärmen,
3 Schalotten (oder 1 kleine Zwiebel)	fein hacken, zugeben, kurz dünsten,
300 g Schinken (gekocht)	in Streifen schneiden, dann
3 EL Weißwein (herb)	
3 TL Senf (scharf)	
1 EL Schnittlauch	fein schneiden,
1 EL Estragon	fein hacken, alles zusammen pürieren (Mixer),
Sulzpulver	nach Vorschrift zubereiten,
1/8 l Weißwein (herb)	(statt Wasser) 5 EL Sulz mit der Masse vermischen;
	eine Kuchenform dicht mit
2 EL Schnittlauch	bestreuen, flüssige Sulz darübergießen, im Kühlschrank festwerden lassen, dann das Schinkenmousse einfüllen, im Kühlschrank ca. 1 Stunde kühl stellen, vor dem Servieren stürzen.

Variante

Schnittlauch durch Kresse ersetzen.
Schinkenmousse kann auch in ausgehöhlte Tomaten oder Brötchen gefüllt werden; in diesem Fall Sulz weglassen, 2 EL Topfen unter die Masse rühren.

Spinat-Schinken-Souffle

für 4 Personen

1 EL Butter	eine feuerfeste Auflaufform damit ausbuttern, mit
3 EL Semmelbrösel	die Form gleichmäßig ausstreuen;
20 g Margarine	in einer Pfanne zergehen lassen,
30 g Mehl	beigeben, kurz dünsten,
1/4 l Milch	dazugießen, unter ständigem Rühren mit dem Schneebesen aufkochen, Hitze etwas reduzieren, mit
1/2 TL Salz 1 Messerspitze Muskat Pfeffer aus der Mühle	würzen, Sauce 2–3 Min. köcheln, ein wenig auskühlen lassen,
4 Eigelb	sorgfältig darunterrühren,
200 g Spinat 150 g Schinkenspeck	in feine Streifen schneiden, beigeben,
5 Eiweiß 1 Messerspitze Backpulver	zusammen sehr steif schlagen, sorgfältig mit der Masse vermischen, in die vorbereitete Form füllen, sofort backen.

Backen

Ca. 50 Min. bei 180° C auf der untersten Rille im vorgeheizten Backofen.

Servieren

Sofort auf denTisch bringen; mit Salat als Hauptmahlzeit ausreichend.

Kartoffelsouffle
für 4 Personen

1 kg Kartoffeln	schälen, in Würfel schneiden, in Salzwasser weichkochen, abseihen, dann die Kartoffeln in den Topf zurückgeben, auf die noch warme Platte stellen, dabei hin- und herbewegen, bis sie weißlich trocken sind, nun durchpassieren,
4 EL Milch	in das Püree einrühren,
200 g Topfen (ca. 40% Fett) 4 Eigelb	schaumig rühren,
15 Blätter Salbei	fein hacken,
etwas Salz weißer Pfeffer 1 Messerspitze Muskat	zugeben, verrühren, mit dem Kartoffelpüree sehr sorgfältig mischen,
200 g Schinken	fein hacken, dazumischen,
4 Eiweiß etwas Salz 1/4 TL Backpulver	steif schlagen, vorsichtig unter die Masse heben,
	eine ofenfeste Auflaufform ausbuttern, mit
2 EL Brotbrösel	bestreuen, die Masse einfüllen (bis ca. 3 mm unter den Rand der Form), sofort backen.

Backen

Ca. 45 Min. bei 200° C im vorgeheizten Backrohr.

Servieren

Mit Salat oder Gemüse als Hauptgericht; als Beilage zu Fleisch nur die halbe Menge der Zutaten verwenden.

TIP

Statt Topfen kann auch Hüttenkäse verwendet werden.
Es können auch 100 g Pfifferlinge oder Champignons (in Scheibchen geschnitten) zugegeben werden.

Soufflerolle

für 4 Personen

Soufflemasse

2 EL Butter	in einer Pfanne erwärmen,
3 EL Mehl (gestrichen)	einrühren,
1/2 l Milch	unter ständigem Rühren mit dem Schneebesen in einem dazugießen, aufkochen lassen, dann die Hitze reduzieren, ca. 5 Min. leise köcheln, die Pfanne von der Platte nehmen, mit
1/2 TL Salz Pfeffer aus der Mühle 1 Messerspitze Muskat	würzen, leicht auskühlen lassen,
4 Eigelb 150 g Käse nach Wahl	reiben und dazugeben,
4 Eiweiß 1 Messerspitze Backpulver	zusammen steif schlagen und vorsichtig unter die Masse ziehen, sofort auf einem mit Backtrennpapier ausgelegten Backblech gleichmäßig ausstreichen.

Backen

Ca. 15 Min. bei 180° C auf der untersten Rille im vorgeheizten Backrohr, dann das Souffle herausnehmen, ohne das Rohr auszuschalten.
Nun das Souffle stürzen, ein Küchentuch darüberlegen, Blech und Tuch festhalten, umdrehen und auf einer glatten Fläche (Tisch) absetzen.
Blech und Backtrennpapier vorsichtig entfernen, einige Minuten auskühlen lassen.

Fülle

300 g Topfen 200 g Schinken 1 mittelgroße Zwiebel	sehr fein hacken und zusammen vermischen, mit
1 TL Curry (scharf) Salz Pfeffer aus der Mühle	würzen.

Fülle auf dem etwas ausgekühlten Souffle gleichmäßig verteilen, dabei auf einer Längsseite ca. 3 cm Rand freilassen. Mit Hilfe des Küchentuches gegen die unbestrichene Seite aufrollen, vorsichtig auf ein gefettetes Blech gleiten lassen.

2 EL Butter	erwärmen,
1 Handvoll kleine Salbeiblätter	darin kurz anbraten, über das Souffle verteilen, mit
3–4 EL Käse	bestreuen.

Gratinieren

In das noch warme Backrohr schieben und ca. 10 Min. bei 180° C in der Mitte des Backrohrs gratinieren.

Servieren

Schmeckt mit Salat ausgezeichnet als Hauptgericht.

Bauernpudding
für 4 Personen

500 g Hüttenkäse 60 g Butterflocken	in eine Schüssel geben, vermischen,
6 Eier	gut verquirlen, mit
Salz Pfeffer aus der Mühle	würzen, zur Masse geben, sehr gut verrühren,
150 g Schinken	würfelig schneiden, daruntermischen; Masse einfüllen, in ein Wasserbad stellen, im vorgeheizten Backrohr (auf 180° C) ca. 1 Stunde (bis die Masse fest ist) backen, noch heiß auf eine Platte stürzen.

Buttersauce

50 g Butter	in einem Kochtopf zerlassen,
1 EL Mehl	zugeben, rühren, bis sie sich gut verbunden haben; nach und nach
15 cl Wasser (gesalzen)	unter ständigem Rühren zugeben (es dürfen sich keine Klümpchen bilden), ca. 2 Min. köcheln, von der Platte nehmen,
50 g Butter (in Flöckchen)	in die noch heiße Sauce einrühren, mit
4 EL Sahne	verfeinern; die Buttersauce über den noch heißen Pudding gießen und servieren.

Variante

Kalt, mit gemischtem Salat serviert, ein feines, leichtes Sommeressen.

SPECK, SCHINKEN UND CO. ... IN FEINEN KUCHEN, OFENFRISCHEN PASTETEN ODER STRUDELN

Quiche Lorraine
für 4 Personen

1 Portion Mürbteig (s. Rezept auf Seite 135)	ca. 2 mm dick auswallen, auf ein gefettetes Blech (28–30 cm Durchmesser) legen, mit einer Gabel dicht einstechen;
250 g Speck (sehr mager)	in dünne Streifen schneiden, ohne Fett langsam goldbraun braten, auf Haushaltspapier sehr gut abtropfen und auskühlen lassen, auf dem Teig gleichmäßig verteilen;

Guß

1/2 l Rahm 3 Eier 2 Eigelb	mit dem Schneebesen zusammen sehr gut verquirlen, dann mit
1/2 TL Salz Pfeffer aus der Mühle 1 Prise Muskat	würzen und den Guß sorgfältig darübergießen.

Backen

Auf der untersten Rille im auf 220° C vorgeheizten Backrohr ca. 15 Min., dann Hitze auf 180° C reduzieren und nochmals ca. 20 Min. backen.

(Fortsetzung auf der Folgeseite)

Servieren

Als Vorspeise; als Hauptmahlzeit die Menge entsprechend erhöhen, dann mit Salat servieren.

Variante

Wahlweise kann auch Kuchen- oder Topfen-Blätterteig verwendet werden (s. Rezepte auf Seiten 133, 136).

TIP

Der Teigrand zieht sich während des Backens zusammen, daher über den Formenrand schauen lassen.
Backform vor dem Backen ca. 1 Stunde lang kühl stellen.
Es können auch ca. 150 g Bergkäse (in kleinen Würfeln) auf dem Teig verteilt werden.
Statt eines Kuchenblechs können auch einzelne kleine Förmchen verwendet werden; den Teig jedoch etwas dünner auswallen (angegebene Menge reicht für ca. 10 Förmchen).

Lauchkuchen

für 4 Personen

1 Portion Kuchenteig (s. Rezept auf Seite 133)	ca. 2 mm dick auswallen, auf ein gefettetes Blech (ca. 33 x 30 cm) legen, mit einer Gabel gut einstechen;

Fülle

200 g Speck	in Würfel schneiden, mit
3 EL Wasser	in einer Pfanne bei mäßiger Hitze ca. 5 Min. dünsten,
6–8 Lauchstangen	in feine Scheibchen schneiden, zugeben und so lange dünsten, bis der Lauch leicht zusammenfällt,
1/8 l Bouillon	zugießen, einkochen lassen, dann auskühlen;

Guß

6–8 EL Milch 2 Becher Sauerrahm 4 Eier 1 TL Salz Pfeffer aus der Mühle 1/2 TL Cury (scharf)	zusammen sehr gut verquirlen, dann mit der Lauch-Speck-Fülle vermischen, mit
4 EL Semmelbrösel 150 g Bergkäse (würzig; gerieben)	zusammenmischen und den Teigboden gleichmäßig bestreuen, die Fülle darauf verteilen.

Backen

Ca. 35 Min. auf der untersten Rille bei 250° C im vorgeheizten Backrohr.

Variante

Wahlweise kann auch Topfen-Blätterteig verwendet werden.
Statt Semmelbrösel und Bergkäse den Teig mit gehackten Walnüssen bestreuen und mit Ziegencamembert (in dünne Scheiben schneiden) belegen.

Kartoffelkuchen

für 4 Personen

1 Portion Kuchenteig (s. Rezept auf Seite 133)	ca. 2 mm dick auswallen, auf ein gefettetes Blech (ca. 33 x 30 cm) legen, mit einer Gabel gut einstechen;
Fülle	
600 g Kartoffeln	(am Vortag gekocht) schälen und raffeln,
50 g Käse (würzig)	gerieben dazumischen, beiseite stellen,
1 EL Butter	in einer Pfanne schmelzen,
1 große Zwiebel	fein hacken,
1 Knoblauchzehe	pressen, zusammen zur Butter geben, andünsten,
200 g Schinken	in kleine Würfel schneiden, beigeben, dann
1 Bund Petersilie 1 EL Majoran	zusammen fein hacken, unter die Kartoffeln mischen;
Guß	
1/8 l Milch 1/4 l Sauerrahm 2 Eier 1 TL Salz Pfeffer aus der Mühle 1 Messerspitze Muskatnuß	mit dem Schneebesen sehr gut verrühren, mit den Kartoffeln mischen,
150 g Topfen	zugeben, nun die Masse auf dem Teig verteilen und glattstreichen.

Backen

30–35 Min. bei 250° C auf der untersten Rille des vorgeheizten Backrohrs.

Variante

Topfen kann durch Hüttenkäse oder geriebenen Tilsiter ersetzt werden.

TIP
Bei mehligen Kartoffeln eventuell etwas mehr Flüssigkeit zugeben.

Spinatkuchen

für 4 Personen

1 Portion Kuchenteig (s. Rezept auf Seite 133)	ca. 2 mm dick auswallen, auf ein gefettetes Blech (ca. 30 cm Durchmesser) legen, mit einer Gabel gut einstechen;
Fülle	
1 EL Butter 1 EL Olivenöl	in einer Pfanne warm werden lassen,
3 kleine Zwiebeln	fein hacken,
1 Knoblauchzehe	durchpressen, beides in die Pfanne geben und bei schwacher Hitze dünsten,
200 g Speck	in Würfel schneiden und mitdünsten,
600 g Blattspinat (tiefgekühlt)	etwas antauen lassen, zugeben und so lange dünsten, bis die Flüssigkeit eingekocht ist, auskühlen lassen;
Guß	
2 EL Butter	in einem Topf flüssig werden lassen,
1 1/2 EL Mehl	beigeben und kurz anschwitzen,
1/4 l Rahm	unter einem dazugießen, unter Rühren mit dem Schneebesen aufkochen, die Hitze reduzieren und ca. 5 Min. leise köcheln, mit
1/4 TL Salz Pfeffer aus der Mühle 1 Messerspitze Muskat	würzen,
2 Eier	kräftig dazurühren, den Guß mit dem Spinat mischen und auf dem Teigboden verteilen, schließlich
2 EL Pinienkerne	darüberstreuen.

Backen

Ca. 35 Min. bei 220° C auf der untersten Rille des vorgeheizten Backrohrs.

Variante

Die Speckwürfel können durch Schinken (in Streifen geschnitten) ersetzt werden.

Speckgugelhupf

für 4 Personen

Vorteig

40 g Hefe 1/16 l Milch	zusammen in einer Schüssel verrühren,
250 g Mehl	davon 3–4 EL mit der Hefe-Milch-Mischung verrühren, dann das restliche Mehl darübergeben, zugedeckt bei Zimmertemperatur ca. 1/2 Stunde ruhen lassen (bis die Mehloberfläche Risse bekommt);

Teig

250 g Mehl 1 TL Salz	in einer Schüssel vermischen, den Vorteig zugeben, nun
150 g Butter	zunächst flüssig werden lassen, dann ausgekühlt mit
ca. 3/8 l Milch	und
1 Ei	zum Mehl geben und gut durcharbeiten, bis der Teig Blasen wirft; zugedeckt bei Zimmertemperatur um das Doppelte aufgehen lassen;
250 g Speck	in feine Würfel schneiden, in einer Bratpfanne ohne Fett langsam goldgelb braten, flüssiges Fett abseihen, Speckwürfel auskühlen lassen;
2–3 EL Salbei	fein schneiden,
3–4 EL Walnüsse	grob hacken, zusammen unter den aufgegangenen Teig arbeiten, in eine gut gefettete Gugelhupfform geben, nochmals zugedeckt bei Zimmertemperatur (ca. 30 Min.) aufgehen lassen, bis der Teig den Formenrand erreicht.

Backen

Ca. 50–55 Min. bei 200° C auf der untersten Rille im vorgeheizten Backrohr; nach dem zweiten Drittel der Backzeit mit Alufolie abdecken.

Servieren

Der Speckgugelhupf wird am besten lauwarm serviert.

Schinkentorte

für 4 Personen

1 EL Butter	eine Springform (ca. 25 cm Durchmesser) damit ausschmieren,
40 g Butter 4 Dotter	gründlich abtreiben,
4 EL Rahm 4 EL Mehl	langsam dazurühren, mit
etwas Salz Pfeffer aus der Mühle	würzen,
4 Eiklar 1 Prise Salz	zu einem steifen Schnee schlagen, vorsichtig unter die Masse heben, in die vorbereitete Form geben;
4 EL Parmesan	gleichmäßig darüberstreuen;

Backen

30–35 Min. bei 200° C in der Mitte des vorgeheizten Backrohrs; während des Backens die Torte einige Male mit flüssiger Butter bepinseln.
Die Torte sehr gut (am besten über Nacht) auskühlen lassen.

Fülle

1 EL Butter	in einem Topf flüssig werden lassen;
1 Bund Petersilie	fein hacken, in der Butter anrösten,
250 g Schinken	sehr fein hacken, leicht anrösten, mit
1–2 EL Mehl	binden, vom Feuer nehmen, nun
4 EL Rahm	dazurühren.

Fertigstellung

Die Torte 2mal waagrecht durchschneiden und mit der Schinkenfülle bestreichen.

Servieren

Die Torte schmeckt lauwarm am besten – daher vor dem Servieren nochmals

Spinatroulade
für 4 Personen

Bechamel

50 g Butter	in einem Pfännchen erwärmen,
50 g Mehl	zugeben und anschwitzen, mit
1/8 l Milch	unter ständigem Rühren nach und nach aufgießen;

Fülle

300 g Schinken	sehr fein hacken,
200 g Champignons	feinblättrig schneiden,
2 EL Butter	in einer Pfanne erwärmen, die Schinken-Champignon-Mischung zugeben und ca. 5 Min. dünsten,
1 Becher Sauerrahm 1 Bund Petersilie (fein gehackt)	daruntermischen und mit
etwas Salz Pfeffer aus der Mühle	würzen;

Teig

1 kg Spinat	säubern und in kochendem Salzwasser kurz blanchieren, sofort durchpassieren und mit der Bechamel mischen; auskühlen lassen,
4 Dotter	dazurühren, mit
1 Prise Salz Pfeffer aus der Mühle 1 Messerspitze Muskatnuß	würzen; anschließend aus
4 Eiklar	einen festen Schnee schlagen und vorsichtig darunterheben; die Masse auf ein mit gebuttertem und bemehltem Backtrennpapier ausgelegtes Blech ca. fingerdick aufstreichen.

Backen

Ca. 20 Min. bei 180° C in der Mitte des vorgeheizten Backrohrs, anschließend auf ein nasses Geschirrtuch stürzen, das Papier vorsichtig abziehen, sofort die Fülle auftragen und die Roulade rollen.

Servieren

Noch heiß mit gemischtem Salat zu Tisch bringen.

Emmentaler Schinkenpastete

für 4 Personen

1 EL Butter	eine Springform (ca. 25 cm Durchmesser) sorgfältig damit ausschmieren,
125 g Butter 3 Eier	sehr schaumig rühren, mit
etwas Salz 1 EL Senf	würzen,
250 g Schinken 150 g Emmentaler	in kleine Würfel schneiden und beigeben; nun
250 g Mehl 1 EL Backpulver	mit vermischen, vorsichtig einrühren und zum Schluß
1/8 l Rahm	darunterrühren, dann die Masse in die vorbereitete Form füllen.

Backen

50–60 Min. bei 170° C in der Mitte des vorgeheizten Backrohrs goldgelb backen.

Servieren

Möglichst heiß servieren. Ein Salat schmeckt dazu ausgezeichnet!

Sauerkrautpastete

für 4 Personen

2 Portionen Kuchenteig (s. Rezept auf Seite 133)	1/3 Teig in Formgröße (24–26 cm Durchmesser) ca. 3 mm dick auf Backtrennpapier ausrollen, dann samt dem Papier aufrollen, beiseite legen; den restlichen Teig ebenfalls 3 mm dick ausrollen, die gefettete Form so auslegen, daß der Teig ca. 1–2 cm über den Rand schaut; vorhandene Teigreste eventuell für die Verzierung beiseite legen, Boden mit einer Gabel einstechen; kühl stellen;
Fülle	
1 EL Butter	in einer Pfanne erwärmen,
1 mittelgroße Zwiebel	fein hacken,
200 g Speck (geräuchert)	in dünne Streifen schneiden,
500 g Sauerkraut	zusammen zur Butter geben und dünsten;
1 großer Apfel	fein raffeln,
1 EL Kümmel	
einige Wacholderbeeren	zerdrücken, alles dazumischen, mit
1/8 l Weißwein (trocken)	aufgießen, bei schwacher Hitze ca. 8 Min. köcheln, dann auskühlen lassen,
100 g Bergkäse (gerieben)	dazumischen.
Guß	
1/4 l Sauerrahm	
2 Eier	
1/2 TL Salz	
Pfeffer aus der Mühle	
1 Messerspitze Muskat	zusammen mit dem Schneebesen sehr gut verrühren, dann mit der Fülle mischen, diese auf dem Teig

	verteilen, anschließend den überstehenden Teigrand über die Fülle legen;
1 Eiweiß	verklopfen, den Rand damit bestreichen, den Teigdeckel darauflegen und andrücken, eventuell mit den Teigresten dekorieren, z. B.: 3 mm ausrollen, kleine Herzchen ausstechen und mit Eiweiß auf den Deckelrand aufkleben;
1 Eigelb	Pastete damit bestreichen, mit der Gabel mehrmals einstechen.

Backen

Ca. 40 Min. bei 220° C auf der untersten Rille im vorgeheizten Backrohr.

Schinken-Zucchini-Pastete
für 4 Personen

400 g Topfen-Blätterteig (s. Rezept auf Seite 136)

Fülle

2 Zucchini	in dünne Scheibchen,
1 Paprika (rot)	in feine Streifen schneiden,
1 EL Olivenöl	in einer Pfanne erwärmen, Zucchini / Paprika zugeben, dünsten, ohne Farbe annehmen zu lassen, mit
Salz / Pfeffer aus der Mühle 2 EL Basilikum (fein gehackt) 1 Knoblauchzehe (durchgepreßt)	würzen, nun den Teig dünn ausrollen, eine Springform mit Öl gut ausstreichen, mit 2/3 des Teiges auskleiden, zuerst
200 g Schinken (gekocht) 200 g Mozzarella	in Scheiben schneiden, den Teig damit belegen, nun das Gemüse einfüllen, mit dem restlichen Teig bedecken, gut einstechen, damit der Dampf entweichen kann,
1 Eigelb	die Pastete damit bestreichen.

Backen

Bei mittlerer Hitze ca. 25–30 Min. backen, warm servieren.

Variante

Es können auch andere Gemüse verwendet werden; statt Mozzarella ist jeder andere gut schmelzende Käse geeignet, allerdings wird dadurch der Geschmack verändert.

TIP
Das Gemüse sollte kalt sein, bevor es auf den Teig gegeben wird – so kann dieser nicht aufweichen.

Lauchpastete
für 4 Personen

Topfen-Blätterteig (s. Rezept auf Seite 136) 1 1/2 fache Masse zubereiten;

Deckel: 1/3 des Teiges in Blechgröße ausrollen, auf Backtrennpapier legen, einrollen, kühl stellen;

Boden: Restlichen Teig rechteckig ausrollen (etwas größer als das Blech), das gut gefettete Blech belegen, so daß der Teig ca. 1 cm über den Rand geht; Boden mit der Gabel gut einstechen.

Fülle

200 g Rohschinken	den Teigboden damit auslegen,
1 kg Lauch	in feine Ringe schneiden, darüber verteilen,
200 g Tilsiter (gerieben)	darüber verteilen;

Sauce

1 EL Margarine / oder Butter	in einer Pfanne zergehen lassen,
1 1/2 EL Mehl	beigeben, kurz anschwitzen,
20 cl Gemüsebouillon	aufgießen, gut mit dem Schneebesen einrühren,
20 cl Rahm	beigeben, unter Rühren aufkochen, mit
2 Knoblauchzehen (gepreßt)	
Salz / Pfeffer aus der Mühle	würzen, 2 Min. leicht köcheln, ein wenig auskühlen lassen;
1 Ei	verklopfen, einrühren, Sauce über die Fülle gießen, Teigrand darüberlegen;
1 Eiweiß	verklopfen, Teigrand bestreichen, den vorbereiteten Teig-Deckel auflegen, Rand gut andrücken;
1 Eigelb	mit Wasser verdünnen, Pastete bestreichen, mit Gabel mehrmals einstechen.

Backen

Ca. 35 Min. bei 200° C auf der untersten Rille im vorgeheizten Backrohr.

Variante

Es können auch andere Teige verwendet werden, z. B: Dinkelteig, Kuchenteig; die Pastete schmeckt auch mit anderen Gemüsen ausgezeichnet, z. B: Spinat, Kohl.

Kohlstrudel
für 4 Personen

1 Portion Topfen-Blätterteig (siehe Rezept auf Seite 136)

Fülle

1 EL Öl	in einer Pfanne erhitzen,
1 mittelgroße Zwiebel (fein gehackt) 1 Knoblauchzehe (gepreßt)	in die Pfanne geben und bei schwacher Hitze andünsten,
1 kleiner Kohl (ca. 600 g)	fein schneiden und mitdünsten,
1/4 l Weißwein	dazugießen, zugedeckt ca. 20 Min. köcheln, auskühlen lassen, die restliche Flüssigkeit abgießen und zur Seite stellen;
300 g Topfen 2 Eigelb 100 g Bergkäse (gerieben)	gut verrühren, mit
1 Prise Salz etwas Pfeffer 1 Messerspitze Muskat	würzen, alles mit dem Gemüse mischen,
3 EL Walnüsse	grob hacken, dazumischen, dann
1/4 l Kochflüssigkeit	aufkochen,
250 g Karotten	in fingerdicke Streifen schneiden, in der Flüssigkeit halbweich kochen.

Topfen-Blätterteig

Auf wenig Mehl so dünn wie nur möglich ausrollen, anschließend auf ein großes Tuch legen und den Teig mit dem Handrücken von der Mitte zum Rand hin ausziehen, bis der ganze Teig fast durchscheinend ist; nun

50 g Butter	flüssig werden lassen, den Teig damit bepinseln, mit
3–4 EL Semmelbrösel	bestreuen, anschließend die Fülle darauf verteilen und die Karotten verteilt auflegen, dabei jedoch

beim Teig das obere Drittel und beidseitig ca. 4 cm Rand frei lassen.

Strudel formen, das Tuch leicht anheben und so den Strudel locker aufrollen, die „Naht“ liegt unten, die Enden flachdrücken, nach unten umlegen, dann auf ein mit Backtrennpapier belegtes Blech heben, eventuell leicht biegen und mit der restlichen Butter satt bestreichen.

Backen

35–40 Min. bei 200° C in der Mitte des vorgeheizten Backrohrs;
den Strudel während des Backens einige Male mit flüssiger Butter bepinseln.

Servieren

Noch warm als Hauptgericht, vorzugsweise mit Tomatensalat servieren.

Schinkenstrudel

für 4 Personen

1 Portion Topfen-Blätterteig (s. Rezept auf Seite 136)

Fülle

1/4 l Rahm
2 Eier – zusammen mit dem Schneebesen schaumig schlagen,
500 g Schinken – sehr fein hacken oder faschieren, mit
1 Prise Salz
etwas Paprika
Muskatnuß – würzen;

Topfen-Blätterteig

Auf wenig Mehl so dünn wie nur möglich ausrollen, anschließend auf ein großes Tuch legen und den Teig mit dem Handrücken von der Mitte zum Rand hin ausziehen, bis er fast durchscheinend ist, nun

50 g Butter – flüssig werden lassen, den Teig damit bepinseln, mit
3–4 EL Semmelbrösel – bestreuen, anschließend die Fülle darauf verteilen, dabei beim Teig das obere Drittel und beidseitig ca. 4 cm Rand frei lassen.

Strudel formen, das Tuch leicht anheben und so den Strudel locker aufrollen, die „Naht" liegt unten, die Enden flachdrücken, nach unten umlegen, dann auf ein mit Backtrennpapier belegtes Blech heben, ev. leicht biegen und mit der restlichen Butter satt bestreichen.

Backen

35–40 Min. bei 200° C in der Mitte des vorgeheizten Backrohrs;
während des Backens den Strudel einige Male mit flüssiger Butter bepinseln.

Variante

1 Bund Petersilie sehr fein hacken, mit den Semmelbröseln mischen und den Teig damit bestreuen, bevor die Fülle darauf verteilt wird.

Servieren

Noch warm als Hauptgericht, vorzugsweise mit grünem Salat servieren.

ANHANG
TEIGE – HAUSGEMACHT!

Expreßteig

für ein Backblech von 28–30 cm Durchmesser (33 x 30 cm)

200 (350) g Weiß- oder Halbweißmehl 1/2 (3/4) TL Salz	in einer Schüssel gut mischen,
75 (125) g Margarine oder Butter	schmelzen, abkühlen lassen,
1/8 l Wasser	dazugießen, zum Mehl geben, zu einem Teig rühren (nicht kneten), flachdrücken, 1 Stunde zugedeckt kühl stellen, auf bemehltem Brett dünn ausrollen.

TIP
Der Teig eignet sich ausgezeichnet zum Tiefkühlen.

Kuchenteig

für ein Backblech von 28–30 cm Durchmesser (30 x 33 cm)

200 (250) g Weiß- oder Halbweißmehl 1/2 TL Salz	in einer Schüssel gut vermischen,
80 g (100 g) Margarine	in Flöckchen beigeben, gleichmäßig miteinander verkrümeln,
1/8 (ev. 1 1/2fache Menge) l Wasser	beigeben, mit der Teigkarte rasch zu einem Teig zusammenfügen (nicht kneten), Teig flachdrücken, ca. 1/2 Stunde zugedeckt kühl stellen, auf bemehltem Brett dünn ausrollen.

Dinkelteig

für ein Backblech von 28–30 cm Durchmesser (30 x 33 cm)

100 g (150 g) Weißmehl 100 g (150 g) Dinkelmehl 30 g (50 g) Haselnüsse (gemahlen) 1/2 TL Salz	in einer Schüssel vermischen,
80 g (100 g) Butter	in Stücke schneiden, zugeben, dann zwischen den Händen zerkrümeln;
1/8 l (ev. 1 1/2fache Menge) Wasser	beigeben und mit der Teigkarte rasch zu einem Teig zusammenfügen (nicht kneten), den Teig flachdrücken, ca. 1/2 Stunde zugedeckt kühl stellen, auf bemehltem Brett dünn ausrollen.

TIP
Der Teig eignet sich für Kuchen, Pasteten, pikante Kleinigkeiten.

Hefeteig

für ein Backblech von 28–30 cm Durchmesser (30 x 33 cm)

250 g (300 g) Weißmehl 1/2 TL Salz	in einer Schüssel gut vermischen,
10 g (20 g) Hefe	mit etwas Flüssigkeit anrühren,
1 EL (2 EL) Butter	flüssig werden lassen,
1/8 l Milch 8–10 EL (12 EL) Wasser	zusammen auf das Mehl geben, mit dem Knethaken des Mixers auf der niedrigsten Stufe zu einem Teig zusammenfügen, dann auf der höchsten Stufe so lange weiterkneten, bis der Teig glatt ist; anschließend mit dem Handballen dehnen, zusammenfalten, dehnen, dies so lange wiederholen, bis der

Teig geschmeidig ist. Den Teig zugedeckt ca. 1/2 Stunde aufgehen lassen.

TIP
Der Teig eignet sich für Kuchen, Pasteten, pikante Kleinigkeiten.

Mürbteig (gesalzen)

für ein Backblech von 28–30 cm Durchmesser (30 x 33 cm)

300 g (350 g) Weißmehl 1 TL Salz	in einer Schüssel vermischen,
150 g (200 g) Butter	in Stückchen schneiden, zum Mehl geben und miteinander verreiben, bis die Masse krümelig ist, dann
1 Ei 4 EL (6 EL) Milch	miteinander verrühren, zugeben und mit der Teigkarte zu einem geschmeidigen Teig zusammenfügen (nicht kneten). Den Teig flachdrücken, mindestens 1 Stunde zugedeckt kühl stellen.

TIP
Der Teig eignet sich für Kuchen, Pasteten, pikante Kleinigkeiten.

Topfen-Blätterteig

für ein Backblech von 28–30 cm Durchmesser (30 x 33 cm)

200 g (250 g) Weißmehl 1/2 TL Salz	in einer Schüssel vermischen,
100 g (120 g) Butter	in Stücke schneiden, etwas weich werden lassen, zum Mehl geben, dann mit dem Handrührgerät/Mixer auf der niedrigsten Stufe zu einer krümeligen Masse verarbeiten;
125 g (150 g) Topfen	zugeben, auf der mittleren Stufe weiterverarbeiten, anschließend mit der Hand zusammenarbeiten (nicht kneten), den Teig flachdrücken und für ca. 1 Stunde kühl stellen; um ihn „blättrig" zu machen, wie folgt weiterarbeiten:
	1. Arbeitsgang: Teig auf einem bemehlten Brett ca. 3 mm dick rechteckig ausrollen, dann 3fach zusammenlegen, für ca. 1/2 Stunde zugedeckt kühl stellen; 2. Arbeitsgang: den Teig mit den Bruchkanten rechts und links liegend nochmals 3 mm dick ausrollen, wieder 3fach zusammenlegen und wieder für 1/2 Stunde zugedeckt kühl stellen; der Teig kann nun dem jeweiligen Rezept entsprechend weiterverarbeitet werden!

TIP

Der Teig eignet sich für Kuchen, Pasteten, pikante Kleinigkeiten.